왕초짜
여행 영어

KB072277

동인랑

여러분의 외국어 학습에는 언제나 *(주)동신랑*이 성실한 동반자가 되어줄 것입니다.

여행을 떠나기 앞서...

두려워하지 말고 떠나자! 말하자! 즐기자!

큰 맘 먹고 떠나는 해외여행!
낯선 나라에 대한 호기심과 즐거움 보다는 덜컥 겁
부터 먼저 나지는 않나요? 게다가 **'얼마예요?'**,
'이건 뭐예요?', **'더 주세요'** 와 같은 간단한 말을 못해 소중한 나의
첫 해외여행이 엉망이 되지는 않을지 걱정되지는 않나요?

얼마 남지 않은 해외여행! 아무리 학원을 다니고 공부를 한다 해도
한마디 말도 할 수 없는 것이 뼈아픈 현실!
이렇듯 시간은 없어도 보람찬 해외여행을 원하는 여러분을 위해 우
리말발음이 함께 있는 여행회화서를 준비했습니다. 이 책은 처음
해외여행을 떠나는 분들을 위해 정성들여 만든 여러분의 파트너이
자 여행길의 벗입니다.

나홀로 배낭여행을 떠나든 여행사의 단체 패키지로 떠나든 여행의
즐거움을 배로 느낄 수 있는 방법은 바로 현지 언어로 현지인과 의
사소통을 하는 것 임을 잊지 말고, 이 책을 보면서 자신 있게 도전
해 보세요! 그러면 낯선 곳에 대한 불안감은 사라지고 생각지 않은
즐거움과 기쁨을 두배로 느낄 수 있습니다.

끝으로, 이 책에 사용된 회화문은 원만한 의사소통을 위해 뜻이 통
하는 한도내에서 가능한 짧은 문장위주로 실었습니다.

| 이 책의 특징

1. 처음 해외여행을 떠나는 분들을 위한 왕초짜 여행회화

해외여행에 많은 경험과 노하우를 가진 여행자들이 왕초짜 여행자에게 필요한 문장들만 콕콕 찍어 만든 여행 회화서 이다처음으로 해외여행을 떠나는 분들의 두려움은 반으로 줄고, 즐거움은두배가된다.

2. 해외여행시 꼭 필요한 문장들만 수록 – 우리말발음이 있어 편리

여행에 꼭 필요한 문장들만 콕콕 찍어 수록하였다. 현지인 이 알아들을 수 있는 한도내에서 가능한 짧은 문장들로 구 성한 살아있는 문장들이다. 우리말 발음이 함께 적혀 있어 자신있게 말할 수 있다.

3. 상황에 따라 쉽게 골라 쓰는 여행회화

여행에서 얻은 경험을 살려 마주칠 수 있는 상황들을 장면 별로 나누고, 바로바로 찾아 쓰기 쉽게 검색기능을 강화하 였다. 자신이 없다면 검색해서 손가락으로 문장을 가리키기 만해도 뜻이 통한다.

4. 도움되는 활용어휘, 한국어–영어 단어장

상황별로 도움이 되는 단어들을 정리해 놓았으므로, 완전한 문장은 아니더라도 긴급한 상황에 쓰기에 아주 유용하다. 또한, 한국어–영어 단어장이 가나다순으로 뒷편 부록에 실 려 있어, 이 부분만 따로 분리해 휴대해도 안심!

5. 휴대하기 편한 포켓사이즈

여행시에는 작은 물건이라도 짐이 되는 경우가 많다. 포켓 사이즈라 짐도 되지 않고, 주머니 속에 쏙 들어가므로 휴대 가 편하다.

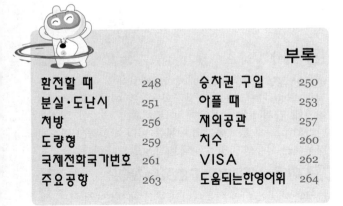

알아둡시다

해외 여행을 가고자 하는 국가에 대한 정보를 미리 알고, 여행 목적에 알맞게 준비를 하면 보람있고 여유 있는 여행을 즐길 수 있다. 여행을 떠나기 전 기초적인 준비사항을 알아보자.

🛂 여권 PASSPORT

해외여행 중에 여행자의 신분을 국제적으로 증명할 수 있는 신분증이다. 국외에 체류하는 동안 반드시 휴대하여야 한다. 전국 240여개의여권 발급 기관에서 발급해주며, 여권 신

청은본인이 직접 방문하여 신청하여야 한다. 2008년 8월부터 칩을 넣어 보안성을 강화한 전자여권(녹색)을도입하였으며, 차세대 전자여권(남색)도 도입되었다.

🛂 비자 VISA

여행하고자 하는 상대국에서 입국 허가를 공식적인 문서로 허용하는 것으로 해당국의 대사관이나 영사관에서 여권에 기재해주는 것이다. 여행계획이 생기면 여행할 나라의 비자가 필요한가의 여부를 미리 확인하고 필요한 경우에는 서류를 미리 준비해 비자를 받도록 한다.

🛂 환전 MONEY EXCHANGE

출국하기 전에 미리 은행이나 공항의 환전소에서 해당국의 화폐로 바꾸는 것이 좋다. Traveler' s check 여행자수표를 준비

하거나, 요즘은 traver Wallet(트래블 월렛)이 인기가
많다. 트래블월렛은 VISA의 공식라이센스사로 앱을 이
용해 외화를 충전하고 결제할 수 있다. 현금은 고액의
지폐보다 소액으로 마련하는 것이 사용하기 편리하다.

🐸 신용카드 CREDIT CARD

국내의 Visa비자, Master마스터, AMEX아멕스카드 등의
카드를 사용할 수 있다. 여행기간과 은행 결제일이 겹치는
경우는 미리 사용한 대금을 예금하고 떠나도록 한다.

🐸 항공권 AIR TICKET

여행사에서 단체로 가는 경우에는 문제가 없으나, 개인
출발이라면 출발 전에 반드시 예약을 재확인하도록 한다.
항공권의 가격은 회사별로 차이가 많이 나며, 직항보다
경유노선을 취항하는 항공편의 가격이 저렴한 편이다.

유스호스텔회원증 Youth Hostels Membership Card
철도패스 Eurail Pass, Ameri Pass, JR Pass
국제운전면허증 International Driver's Permit
국제학생증 International Student Identification Card
해외여행보험 Travel Insurance Aboard

여행자의 필요에 따라 위의 회원증이나 패스를 미리 구
입하면외국에서 각종 할인이나 혜택을 받을 수 있다. 이
런 패스들은 외국 관광객을 위한 것이므로 국내에서 구
입하거나 필요에 의해서 예약을 해놓아야 한다.

준비물

아래의 체크 리스트는 해외 여행시 필요한 일반적인 준비물이다. 각자의 상황에 맞게 참고하여 빠진 것 없이 꼼꼼히 준비하도록 하자.

품 목	Y	N
필수품		
귀중품		

품 목	Y	N
•여권 VISA포함	☐	☐
•현금 현지화폐	☐	☐
•여행자 수표	☐	☐
•신용카드 국제용	☐	☐
•항공권	☐	☐
•비상약품	☐	☐
•시계	☐	☐

※ 증명사진은 여권 재발급시 필요하다.
※ 위의 서류들은 별도로 번호와 발행처를 메모하거나 복사해 둔다.
※ 외국에서는 의사 처방전 없이는 약을 판매하지 않으므로 비상 약품은 꼭 준비해 간다.
※ 현지에서의 시간을 볼 수 있는 시계가 필요하다.

선택	품 목	Y	N
	· 유스호스텔 회원증	☐	☐
	· 국제 학생증	☐	☐
	· 국제 운전면허증	☐	☐
	· 증명사진 2매	☐	☐
	· 타월, 칫솔, 치약, 빗, 면도기	☐	☐
	· 멀티어댑터	☐	☐
	· 화장품, 생리용품	☐	☐
	· 옷, 신발, 우산, 우의	☐	☐
	· 카메라, 충전기, 메모리카드, 필름	☐	☐
	· 여행안내 책자, 지도	☐	☐
	· 바느질용품	☐	☐
	· 계산기	☐	☐
	· 김, 김치, 고추장	☐	☐
	· 필기 도구, 메모지	☐	☐

※ 1회용품칫솔, 치약, 면도기 등은 제공되지 않는 곳이 대부분이다.

※ 미국은 각종 액체류 제품술과 음료, 물을 포함을 기내에 반입할 수 없다.

※ 장기간 여행객이라면 밑반찬을 밀봉된 병이나 팩에 넣어서 휴대한다.

※ 우리나라와 전압이 다른 경우가 많으므로, 전기용품사용을 대비해 멀티어댑터를 준비한다.

🐼 TIP

해외여행 중 우리나라와 가장 큰 차이점을 느끼는 것 중의 하나가 팁문화이다. 미국이나 유럽의 택시운전사나 레스토랑의 웨이트리스, 호텔의 직원과 같은 서비스업 종사자들은 팁이 수입의 일부분이므로 팁을 주는 관습이 있는데 적정선을 유지하여 주는 것이 좋다. 단, 팁은 서비스에 대한 감사의 표시이므로 서비스가 형편없다면 팁을 주지 않아도 된다.

거의 대부분의 식당계산서에는 팁이 포함되어 있지 않으며 식사가 끝난 후 테이블 위에 놓거나 호텔의 경우, 직접 서비스를 받을 때는 직접 건네주고 체크아웃이나 방청소를 부탁할 때는 침대 위에 놓아두면 된다.

>>TIP의 적정선
- 1달러정도 : 포터, 벨보이, 룸서비스, 룸메이드, 안내원, 웨이터
- 요금의 10~15%정도 : 택시운전수, 레스토랑의 웨이터

🐼 TIP을 건네는 방법

- 동전으로 주지 않는다.
- 거스름돈을 줄 때는 'Keep the change. 잔돈은 가지세요' 라는 말을 한다.
- 신용카드를 사용할 때에는 'extra charge' 난에 주고 싶은 만큼의 액수를 쓰고 총금액에 더하면 된다.

🐼 세금 TAX

쇼핑이나 식사 등을 할 때는 도시나 나라에 따라 소비세가 붙는 경우가 많다.

긴급상황

😮 여권분실

주재국의 한국대사관이나 총영사관에 연락한 후 즉시 여행자
증명서 발급신청을 한다. 여권용 사진2매를 휴대하고 여권번
호는 복사해두거나 다른 수첩에 메모해 둔다.

😮 여행자수표(T/C:Traveler's Check)분실

즉시 가까운 경찰서에 신고하여 분실증명서를 발급 받는다.
여권과 T/C구입 영수증을 가지고 해당국의 발권은행 지점에
서 분실신고서를 작성하여 즉시 재발급 받는다.

이때에 T/C의 고유번호, 종류, 구입일, 구입은행점을 알아야
한다. T/C의 상·하단 사인란에 모두 사인을 하거나 전혀 사
인을 안한 경우는 재발급되지 않으므로 유의해야 하고 T/C번
호와 구입 영수증은 별도로 보관해야 한다.

😮 신용카드분실

한국의 해당 카드사에 전화하여 직접 분실신고를 하는 것이
가장 안전하다.

분실신고 연락처_서울

비씨카드 82-2-330-5701	삼성카드 82-2-2000-8100
신한카드 82-1544-7000	씨티카드 82-2-2004-1004
우리카드 82-2-2169-5001	하나카드 82-2-3489-1000
현대카드 82-2-3015-9000	국민카드 82-2-6300-7300
농협카드 82-2-6942-6478	롯데카드 82-2-2280-2400

💬 현금분실

여행 도중에 현금을 분실하여 국내에서 송금 받을 때는 가족들에서 여권번호와 영문이름을 알려준 뒤 해당국의 국내은행 한국외환은행 등을 통하여 송금을 받을 수 있다.

💬 항공권분실

항공사의 대리점에 가서 재발급 신청을 하면 항공사는 본사에 연락하여 발급 여부를 확인해 준다. 시간이 급할 때는 별도의 항공권을 구입한 후에 귀국 후에 조회하여 환불받을 수 있으며, 이 때에는 현지에서 발급 받은 분실도난 증명서가 필요하다.

💬 소매치기

- 가능한 여행자 수표나 신용카드를 사용하고 많은 현금은 밖으로 내보이지 않는다.
- 가방은 뒤로 매거나 손에 들고 다니지 말고 팔 밑이나 몸 앞으로 매도록 한다.
- 공중 화장실에서는 핸드백을 걸어놓지 말고 옆에 둔다.

💬 교통사고

먼저 경찰서로 연락하고, 경찰서에서 꼭 사고 증명서를 받아 놓도록 한다. 보험 청구 시에 꼭 필요하다. 잘못이 확실히 가려질 때까지 'I'm sorry.'라는 말을 하지 않도록 하고, 잘못이 없을 때는 강력히 'It wasn't my fault. 제 잘못이 아닙니다'라고 말한다.

💬 해외여행보험

상해보험과 질병보험, 항공기 납치, 도난보상보험 등이 있다. 개인적으로 보험가입을 해도 되며, 여행사에서 취급하는 해외여행 상품을 이용할 경우는 대부분이 보험료가 포함되어 있으므로 별도로 가입할 필요는 없다.

기본표현

인사 소개

여행지에서 외국인들과 마주치면 아는 사람이 아닐지라도 먼저 웃으면서 Hi!' 라고 인사말을 건네고 헤어질 때는 Good bye라고 하면 된다. 사람을 소개로 처음 만났을 때는 How do you do?' 라고 인사한다.

안녕!	하이 /헬로우 Hi./ Hello.
안녕하세요?	하우 아 유 How are you?
잘 지냈습니다. 고맙습니다	아임 파인. 쌩큐 I'm fine. Thank you.
제 소개를 하겠습니다.	메이 아이 인트로듀스 마이 셀프 May I introduce myself?
이쪽은 스미쓰씨입니다.	디스 이즈 미스터 스미쓰 This is Mr. Smith.
처음 뵙겠습니다.	하우 두유 두 How do you do?
만나게 되어 반갑습니다.	아임 글래드 투 미츄 I'm glad to meet you.
잘 가십시오.	귿 바이 Good bye.
또 만납시다.	시 유 어겐 See you again.
행운을 빕니다.	귿 럭 투 유 Good luck to you!

질문에 대한 답은 크게 긍정과 부정 두가지로 나뉘어진다. 특히 주의해야 할 것은 부정으로 Won't you~?로 물었을 때는 우리말과 전혀 다르게 Yes가 '아니오' 라는 뜻이 되고, No가 '네' 라는 뜻이 된다.

대답
긍정/부정

예.	예스 Yes.
알겠습니다.	아이 씨 I see.
좋은 생각이군요.	댓츠 어 굿 아이디어 That's a good idea.
저도 그렇게 생각합니다.	아이 씽크 소 I think so.
네, 맞습니다.	댓츠 라잇/이그젝틀리 That's right./Exactly.
아닙니다.	노 No.
아니오, 괜찮습니다.	노, 쌩큐 No, thank you.
충분합니다.	댓츠 이너프 That's enough.
할 수 없습니다.	노, 아이 캔트 No, I can't.
다시 한번 말해 주십시오.	파아든/익스큐즈 미 Pardon?/Excuse me?

감사
사죄

다른 사람의 친절에 감사할 때 가장 많이 쓰이는 표현이 Thank you이다. 구체적인 이유를 붙여서 말할 때는 for를 이용해서 Thank you for your help.와 같이 표현한다. 양해를 구할 때는 I'm sorry라고 하기보다는 Excuse me라고 한다.

고맙습니다 .	쌩스/쌩큐 Thanks./Thank you.
도와 주셔서 감사합니다.	쌩큐 포 유어 헬프 Thank you for your help.
천만에요.	유어 웰컴 You're welcome.
천만에요.	낫 앳 올 Not at all.
시간을 내주셔서 고맙습니다.	쌩큐 포 유어 타임 Thank you for your time.
오히려 제가 즐겁습니다.	더 플래줘 이즈 마인 The pleasure is mine.
죄송합니다.	아임 쏘리 I'm sorry.
실례합니다.	익스큐즈 미 Excuse me.
괜찮습니다.	댓츠 올라잇 That's all right.
신경쓰지 마십시오.	네버 마인드 Never mind.

남에게 부탁을 할 때는 Please를 이용하여 간단한 표현을 사용하는 것도 좋지만 Could you~?나 Would you~?와 같은 정중한 표현도 있다. 특히 Would you mind~?라고 물었을 때 긍정적인 대답을 하려면 Of course not이라고 한다.

부탁

실례합니다.	익스큐즈 미 Excuse me.
물을 주십시오.	워터, 플리즈 Water, please.
도와주시겠습니까?	우쥬 두 미 어 페이버 Would you do me a favor?
펜 좀 빌려주겠습니까?	캐나이 바로우 유어 펜 Can I borrow your pen?
잠시 봐도 될까요?	메이 아이 룩앳 잇 May I look at it?
들어가도 될까요?	메이 아이 컴인 May I come in?
담배를 피워도 될까요?	두 유 마인드 마이 스모킹 Do you mind my smoking?
좋습니다.	올 라잇/오케이 All right./OK.
네, 물론입니다.	예스, 어브 코스 Yes, of course.
죄송하지만, 안됩니다.	아임 어프레이드, 아이 캔트 I'm afraid, I can't.

희망

자신의 바램이나 희망을 나타내기 위해 I'd like to~나 I want to~와 같은 구문을 이용한다. 원하지 않을 때는 앞에 부정을 나타내는 don't'를 넣어서 I don't like to~, I don't want to~처럼 말한다.

가져도 됩니까?	메이 아이 테익 디스 May I take this?
만져 봐도 됩니까?	캐나이 터치 잇 Can I touch it?
무엇을 드시고 싶습니까?.	왓 우쥬 라익 What would you like?
커피를 마시고 싶습니다.	아이드 라익 어 컵 어브 커피 I'd like a cup of coffee.
카메라를 사고 싶습니다.	아이드 라익 투 바이 어 캐머러 I'd like to buy a camera.
영화를 보고 싶습니다.	아이 워나 고우투 더 무비즈 I wanna go to the movies.
당신이 함께 가기를 바랍니다.	아이 원츄 투 고 위드 미 I want you to go with me.
당신을 만나기를 고대합니다.	아임 룩킹 포워드 투 시잉 유 I'm looking forward to seeing you.
빨리 회복되기를 바랍니다.	아이 호프 유 윌 겟 오버 순 I hope you will get over soon.
혼자 있고 싶습니다.	렛 미 얼론 Let me alone.

제안을 할 때는 How about~ '하는게 어때요?' 라는 구문을 이용하여 말하고, 이에 대한 대답으로는That's a good '좋아요' 나 I don't like to '그러고 싶지 않습니다' 로 대답한다. 또한 친한 사이라면 Let's~ '~합시다' 라고 말한다.

제안
충고

한잔하시겠습니까?	하우 어바웃 어 드링 How about a drink?
연주회에 가시겠습니까?	하우 어바웃 고잉 투 칸서트 How about going to concert?
춤추시겠습니까?	우쥬 라익 투 댄스 위드 미 Would you like to dance with me?
쇼핑하러 가시겠습니까?	원츄 고 샤핑 Won't you go shopping?
식사하러 가시겠습니까?	윌 유 고 아웃 포 디너 Will you go out for dinner?
오늘밤에 만납시다.	렛츠 밋 투나잇 Let's meet tonight.
갑시다.	렛츠 고 Let's go.
침착하십시오.	캄 다운 Calm down.
진정하십시오.	테이킷 이지 Take it easy
그다지 나쁘진 않군요.	낫 배드 Not bad.

약속

남의 집을 방문 할 때는 미리 약속을 하고
가야하고, 간단한 선물을 준비하면 좋으며
약속 시간에 늦지 않도록 주의한다.
약속을 정할 때는 시간이나 장소 등이 혼동
되지 않도록 정확하게 확인을 해야 한다.

내일 만날 수 있습니까?	메이 아이 시 유 투마로우 May I see you tomorrow?
오후에 시간이 있습니까?	아 유 프리 디스 애프터눈 Are you free this afternoon?
어디에서 만날까요?	웨어 쉘 위 밋 Where shall we meet?
극장앞에서 만납시다.	레츠 밋 앳 더 씨어터 Let's meet at the theater.
댁을 방문하고 싶군요.	메이 아이 콜 온 유 앳 유어 하우스 May I call on you at your house?
몇 시가 좋습니까?	왓 타임 오케이 위쥬 What time, OK with you?
언제라도 좋습니다.	애니 타임 윌 비 오케이 Any time will be OK.
5시가 편합니다.	파이브 어클락 이즈 컨비니언트 포미 5 o'clock is convenient for me.
3시 30분까지 오십시오.	컴 바이 쓰리 서티 피 Come by 3:30.
그 때 봅시다.	시 유 텐 See you then.

외국인에게는 개인의 신상에 관한 일과 결혼 유무를 묻는 것은 우리와 달리 에티켓에 어긋나므로 직설적으로 묻지 않도록 한다. 꼭 알아야 할 필요성이 있을 때는 문두에 If you don't mind 실례가 되지 않는다면'과 같은 말을 하고 묻는다.

질문
신상

성함이 무엇입니까?	왓츠 유어 네임 What's your name?
제 이름은 홍 길동입니다	마이 네임 이즈 홍 길동 My name is Hong Gil-dong.
무슨 일을 하십니까?	왓 비지니스 아 유 인 What business are you in?
몇 살이십니까?	하우 올드 아 유 How old are you?
스물일곱입니다.	아임 트웬티 세븐 I'm 27.
기혼이십니까?미혼이십니까?	아 유 매리드 오어 싱글 Are you married or single?
가족은 몇 명입니까?	하우매니 피플 아 인 유어 패밀리 How many people are in your family?
영어를 할 줄 압니까?	캔 유 스픽 잉글리쉬 Can you speak English?
네, 조금 할 줄 압니다.	예스, 아이 캔 스픽 잉글리쉬 어 리틀 Yes, I can speak English a little.
아니요, 못합니다.	노, 아이 캔트 스픽 잉글리쉬 No, I can't speak English.

오늘은 몇 일입니까?

왓 데이트 이즈 잇, 투데이
What date is it, today?

10월 20일입니다.

잇츠 악토버 트웨니쓰
It's Oct. 20th.

지금 몇 시입니까?

왓 타임 이즈 잇, 나우
What time is it, now?

2시 40분입니다.

잇츠 투 포오티
It's 2:40.

언제 떠나십니까?

웬 아유 리빙
When are you leaving?

어디에서 왔습니까?

웨어 아유 프롬
Where are you from?

어디로 가십니까?

웨어 투
Where to?

여기가 어디입니까?

웨어 아 위
Where are we?

이 근처에 은행이 있습니까?

이즈 데어 어 뱅크 어라운드 히어
Is there a bank around here?

네, 역 앞에 있습니다.

예스, 데어 이즈 인 프런트브 스테이션
Yes, there is in front of station.

질문
방법/날씨

기본 표현

인사
소개
대답
감사
사죄
부탁
희망
제안
충고
약속
질문
가격
숫자
요일
달
시간
계절
가족
대명사
의문사
반대말
표시

무엇을 타고 오셨습니까?	하우 디쥬 컴 How did you come?
비행기를 타고 왔습니다.	아이 케임 바이 플레인 I came by plane.
이것은 어떻게 사용합니까?	하우 캐나이 유즈 디스 How can I use this?
여행은 어땠습니까?	하우즈 유어 플라잇 How's your flight?
오늘 날씨가 어떻습니까?	왓츠 더 웨더 라익 투데이 What's the weather like, today?
날씨가 어떻습니까?	하우즈 더 웨더 How's the weather
좋은 날씨입니다.	잇츠 뷰우티풀 투데이 이즌 잇 It's beautiful today, isn't it?
내일은 날씨가 좋을까요?	윌 잇 비 파인 투마로우 Will it be fine, tomorrow?
비가 올까요?	윌 잇 비 레인 Will it be rain?
날씨가 무척 덥군요, 그렇죠?	머기 데이 이즌 잇 Muggy day, isn't it?

가격

해외여행에서 가장 신경쓰이는 것이 금전에 관한 문제이다. 가게나 식당 등에서 계산을 할 때 알아야할 필수적인 표현들을 알아 보자. 대부분 정찰제로 판매되지만 경우에 따라 할인을 받을 수 있는 곳도 많이 있다.

얼마입니까?	하우 머치 이즈 잇 How much is it?
모두 얼마입니까?	하우 머치 올투게더 How much altogether?
비쌉니다.	투 익스펜시브 Too expensive.
할인해 주십시오.	디스카운트 어 리틀 플리즈 Discount a little, please.
아주 쌉니다.	잇츠 베리 칩 It's very cheap.
예산이 얼마입니까?	왓츠 유어 버드짓 What's your budget?
거스름돈을 주십시오.	기브 미 체인지즈 Give me changes.
거스름돈이 틀립니다.	유 게이브 미 롱 체인지 You gave me wrong change.
팁이 포함됐습니까?	인클루디드 팁 Included tip?
영수증을 주십시오.	리십, 플리즈 Receipt, please.

1	one, first	원, 퍼스트
2	two, second	투, 세컨
3	three, third	쓰리, 써드
4	four, fourth	포, 포쓰
5	five, fifth	파이브, 피프쓰
6	six, sixth	식스, 식스쓰
7	seven, seventh	세븐, 세븐쓰
8	eight, eighth	에잇, 에잇쓰
9	nine, ninth	나인, 나인쓰
10	ten, tenth	텐, 텐쓰
11	eleven, eleventh	일레븐, 일레븐쓰
12	twelve, twelfth	트웰브, 트웰프쓰
13	thirteen, thirteenth	써틴, 써틴쓰
14	fourteen, fourteenth	포틴, 포틴쓰
20	twenty, twentieth	트웨니, 트웨니쓰
21	twenty-one, twenty-first	트웨니 원, 트웨니 훠스트
30	thirty, thirtieth	써티, 써티스
40	forty, fortieth	포티, 포티스

숫자

N U M B E R S

숫자

N
U
M
B
E
R
S

fifty, fiftieth	피프티, 피프티쓰	50
sixty, sixtieth	식스티, 식스티쓰	60
seventy, seventieth	세븐티, 세븐티쓰	70
eighty, eightieth	에잇티, 에잇티쓰	80
ninety, ninetieth	나인티, 나인티쓰	90
hundred, hundredth	헌드레드, 헌드레드쓰	100
one thousand	원 싸우전드	1,000
one million	원 밀리언	1,000,000

2배	twice 트와이스	한 번	once 원스
반 1/2	half 해프	두 번	twice 트와이스
		세 번	three times 쓰리 타임즈

2013년도 twenty thirteen 투 웨니 써틴

※연도는 보통 두자리씩 끊어 읽는다.
단, 2000년 ~2009년은 숫자처럼 읽는다.

전화번호
123-4567
one-twenty three-forty five-sixty seven
원 트웨니 쓰리 -포티파이브 식스티 세븐

one two three -four five six seven5
원 투 쓰리-포 파이브 식스 세븐

※보통은 두자리씩 끊어 읽고 한자리씩 끊어 읽기도 한다.

방번호
Room713
Room seven one three. 룸 세븐 원 쓰리
※방번호는 보통 한자리씩 끊어 읽는다.

주 WEEK

이번 주	다음 주	지난 주
디스 워크	넥스트 워크	래스트 워크
This week	next week	last week

일요일	월요일	화요일	수요일	목요일	금요일	토요일
선데이	먼데이	튜즈데이	웬즈데이	써즈데이	프라이데이	세러데이
Sunday	Monday	Tuesday	Wednesday	Thursday	Friday	Saturday

달 MONTHS

이번 달	다음 달	지난 달
디스 먼쓰	넥스트 먼쓰	래스트 먼쓰
this month	next month	last month

재뉴어리 1월 January	페브루어리 2월 February
마치 3월 March	에이프릴 4월 April
메이 5월 May	준 6월 June
줄라이 7월 July	오그스트 8월 August
셉템버 9월 September	악토버 10월 October
노벰버 11월 November	디셈버 12월 December

기본
표현

인사
소개
대답
감사
사죄
부탁
희망
제안
충고
약속
질문
가격
숫자
요일
달
시간
계절
가족
대명사
의문사
반대말
표시

시간
계절

시간　TIME

한 시간	30분 반 시간
아우어 hour	해프 아우어 half hour

분	초
미닛 minute	세컨 second

아침	정오	오후	저녁	밤	오늘밤
모닝 morning	눈 noon	애프터눈 afternoon	이브닝 evening	나잇 night	투나잇 tonight

그저께	어제	오늘	내일	모레
더 데이 비포어 에스터데이 the day before yesterday	예스터데이 yesterday	투데이 today	투마로우 tomorrow	더 데이 애프터 투마로우 the day after tomorrow

계절　SEASON

봄	여름	가을	겨울
스프링 spring	섬머 summer	폴/오텀 fall/autumn	윈터 winter

대명사　　PRONOUN

나	I 아이	나의	my 마이
당신	you 유	당신의	your 유어
그	he 히	그의	his 히즈
그녀	she 쉬	그녀의	her 허
우리	we 위	우리의	our 아우어
당신들	you 유	당신들의	your 유어
그들	they 데이	그들의	their 데어

가족　　FAMILY

할아버지	grandfather 그랜드파더	손녀	granddaughter 그랜드도오터
할머니	grandmother 그랜드마더	사위	son-in-law 선 인 로우
부모	parent 페어런	며느리	daughter-in law 도오터 인 로우
아버지	father 파더	조카	nephew 네퓨
어머니	mother 마더	질녀	niece 니이스
아내	wife 와이프	사촌	cousin 커즌
남편	husband 허즈번	삼촌	uncle 엉클
형제	brother 브라더	아주머니	ant 앤트
자매	sister 시스터	남자	man 맨
아들	son 선	여자	woman 우먼
딸	daughter 도오터	소년	boy 보이
손자	grandson 그랜드선	소녀	girl 걸

의문사 INTERROGATIVE

who 누구	누구십니까?	후아유 Who are you?
	누가창문을 깼습니까?	후 브로크 더 윈도우 Who broke the window?
what 무엇	무엇을 원하십니까?	왓 두 유 원 What do you want?
	무엇을 합니까?	왓 아 유 두잉 What are you doing?
which 어느것	어느 길로 가야합니까?	위치 웨이 캐나이 고 Which way can I go?
	무슨 색깔 있습니까?	위치 칼러 두 유 해브 Which color do you have?
when 언제	언제입니까?	웬 이즈 잇 When is it?
	언제 떠날 예정입니까?	웬 윌 유 리브 When will you leave?
where 어디	어디에서 오셨습니까?	웨어 아유 프롬 Where are you from?
	화장실이 어디입니까?	웨어 이즈 더 토일렛 Where is the toilet?
why 왜	왜 그렇게 생각합니까?	와이 두유 씽크 소 Why do you think so?
	왜 불렀습니까?	와이 디 쥬 콜 미 Why did you call me?
how 어떻게	얼마나 걸립니까?	하우 롱 더즈 잇 테익 How long does it take?
	얼마입니까?	하우 머치 이즈 잇 How much is it?

A
N
T
O
N
Y
M

좋은	good	↔	bad ^{배드}	나쁜
비싼	expensive ^{익스펜시브}	↔	cheap ^칩	싼
높은	high ^{하이}	↔	low ^{로우}	낮은
먼	far ^파	↔	near ^{니어}	가까운
크다	big ^빅	↔	small ^{스몰}	작다
긴	long ^롱	↔	short ^{쇼오트}	짧은
좁은	narrow ^{내로우}	↔	wide ^{와이드}	넓은
행복한	happy ^{해피}	↔	sad ^{새드}	슬픈
밝은	bright ^{브라잇}	↔	dark ^{다크}	어두운
두꺼운	thick ^딕	↔	thin ^씬	얇은
빠른	fast ^{패스트}	↔	slow ^{슬로우}	느린
새로운	new ^뉴	↔	old ^{올드}	오래된
한가한	free ^{프리}	↔	busy ^{비지}	바쁜
느슨한	loose ^{루스}	↔	tight ^{타잇}	끼는
무거운	heavy ^{헤비}	↔	light ^{라잇}	가벼운
옳은	right ^{라잇}	↔	wrong ^롱	틀린
조용한	silent ^{사일런}	↔	noisy ^{노이지}	시끄러운
단단한	hard ^{하드}	↔	soft ^{소프트}	부드러운
깊은	deep ^딥	↔	shallow ^{쉘로우}	얕은
쉬운	easy ^{이지}	↔	difficult ^{디피컬}	어려운
편리한	convenient ^{컨비니언트}	↔	inconvenient ^{인컨비니언트}	불편한

 표시 SIGNES AND NOTICES

주의	Caution	코우션
비상구	Emergency exit	이머전시 엑시트
안내소	Information	인포메이션
개조심	Beware of the dog	비웨어 어브 더 독
입구	Entrance	엔트런스
출구	Exit	엑시트
경고	Warning	워닝
위험	Danger	데인저
수리중	Out of order	아우 더브 오더
페인트 조심	Wet paint	웻 페인트
출입금지	Keep out	킵 아웃
멈춤	Stop	스탑
품절	Sold out	솔드 아웃
당기시오	Pull	풀
미시오	Push	푸쉬
벨을 누루시오	Please ring	플리즈 링
비었음	Vacancy	베이컨시
사용중	Occupied	아큐파이드
예약	Reserved	리저브드

본 문

출 국
공항에서
DEPARTURE

🐹 출국순서

인천국제공항은 이용하는 항공사에 따라 제 1터미널과제 2터미널로 나뉘어 있다.

탑승수속 ↓	여권과 항공권을 가지고 해당항공사데스크로 간다. 수하물이 있으면 탁송하고 Baggage Tag 탁송화물표과 Boarding pass 탑승권을 받는다.
세관신고 동식물검역 ↓	귀중품과고가품은 반드시 세관에신고해야한다. 반려동물이나식물을 가지고 출국할때는반드시검역을받아야한다.
보안검색 ↓	수하물과 몸에 X선을 비춰 반입금지 물품여부를 검사한다.
출국심사 ↓	여권과탑승권을 제시한다. 여권에 출국도장을 받고 돌려받은후, 출국심사대를통과한다. 사전에 등록하여 자동출국심사대를 통해 빠르고 편리하게 통과할수도 있다.
탑승대기	Duty free 면세점을 이용할 수 있고 출발30~40분 전까지 해당 Gate 탑승구로 이동하여 비행기에 탑승하면 된다.

🐹 액체 및 젤류의 휴대반입 제한

액체폭탄이 국제적인 큰 위협이 되면서, 대한민국 내에 위치한 공항에서 출발하는 모든 국제선 항공편환승포함에 대하여 액체 젤류의 항공기내 휴대반입 제한조치를 하고있다.

액체·젤류의 휴대반입 가능물품 안내 ※ 아래 조건을 모두 만족해야 함.

- **내용물 용량 한도 : 용기 1개당 100㎖ 이하, 총량 1ℓ**

- **휴대 기내반입 조건**
  - 1ℓ 규격의 투명 지퍼락 Zipper lock 비닐봉투 안에 용기 보관
  - 투명지퍼락 봉투크기:약20cm×약20cm 에 담겨 지퍼가 잠겨있어야 함
  - 승객 1인당 1ℓ 이하의 투명 지퍼락 봉투는 1개만 허용
  - 보안검색대에서 X-ray 검색을 실시

★반입가능

★반입불가

면세점 구입 물품 ※ 아래 조건을 모두 만족해야 함.

보안검색대 통과 후 또는 시내 면세점에서 구입 후 공항 면세점에서 전달받은 주류, 화장품등의 액체, 젤류는 아래 조건을 준수하는 경우 반입가능

- 투명 봉인봉투 Tamper-evident bag로 포장
- 투명 봉인봉투는 최종 목적지향 항공기 탑승 전에 개봉되었거나 훼손되었을 경우 반입금지
- 면세품 구입당시 교부받은 영수증이 투명 봉인봉투에 동봉 또는 부착된 경우에 한하여 용량에 관계없이 반입가능

※투명 봉인봉투는 면세점에서 물품구입 시 제공되므로 별도준비 불필요

※예외사항 항공여행 중 승객이 사용할 분량의 의약품 또는 유아 승객 동반한 경우 유아용 음식(우유, 음료수 등)의 액체, 젤류는 반입가능

도착	Arrivals	면세점	Duty Free Shop
출발	Departures	수하물 취급	Baggage Claim
입국심사	Immigration	안내	Imformation
출국수속	Passport Control	환전	Money Exchange
내국인	Citizen Passports	화장실	Toilets
외국인	Foreign Passports	북쪽 윙	North Wing
검역	Quarantine	남쪽 윙	South Wing
세관	Customs	버스승차권	Bus Tickets

기내에서

NO SMOKING	금연
EMERGENCY EXIST	비상구
FASTEN YOUR SEAT BELT	안전벨트를 매시오
RETUTN TO YOURSEAT	제자리로 가시오
PUSH THE BUTTON	버튼을 누르시오
ATTENDANT CALL BUTTON	승무원 호출버튼

지정좌석

자신의 탑승권에 적힌 좌석에 앉아서 휴대품은 선반이나 의자 밑에 놓는다. 좌석은 First Class일등석, Business Class, Prestige Class비즈니스 클래스, Economy Class이등석 으로 나뉜다.

티켓은 Discounted Ticket할인티켓, Open Ticket오픈티켓으로 구분되며 할인티켓은 원칙적으로 항공회사와 항공일정의 변경이 안되지만, 오픈티켓은 현지상황에 따라 자유롭게 일정 변경이 가능하다.

기내 서비스

국제선 기내에서는 식사, 음료수, 주류 등이 무료로 제공되며 음악과 영화, 신문, 잡지 등을 볼 수 있으며 간단한 구급약품도 준비되어 있다.

** 비행기안에서 절대 금연

기내 면세품 판매

국제선 기내에서는 양주, 화장품, 담배 등의 상품을 면세로 판매한다. 시간 여유가 없어서 면세점에서 구입하지 못했으면 기내를 이용해도 된다.

통과와 환승

- Transit 통과 추가탑승을 위하여 중간 기착지에 기항하는 것
- Transfer 환승 중간 기착지에서 다른 비행기로 갈아타는 것
- Stop over 스톱오버 중간 기착지에서 8시간 이상을 기다린 후 비행기를 갈아타는 것을 말하며 항공사에서 제공 하는 무료 호텔을 이용하거나 시내관광을 즐길 수 있다.

출국

항공편 예약은 보통 여행사에서 대행해 주는 경우가 많다. 하지만 개인적으로 여행하는 경우와 외국에서 도시

 〉자주 쓰이는 표현_1〈

■ 대한항공입니다. 무엇을 도와드릴까요?

커리언에어, 메이 아이 헬퓨

KA, may I help you?

⋯▶ 예약을 하고 싶습니다.

아이드 라익 투 메이커 레저베이션

I'd like to make a reservation.

바꿔 말하기

· 예약을 취소하다
    cancel my reservation   캔슬 마이 레저베이션

· 예약을 재확인하다
    reconfirm my reservation   리컨펌 마이 레저베이션

와 도시를 이동할 때의 항공권 예약에 관한 표현이므로 알아둔다.

 〉자주 쓰이는 표현_2 〈

출국

항공편
예약

항공사
카운터

탑승

기내
서비스

활용
어휘

■ 언제 떠나실 예정입니까?

웬 아유 리빙

When are you leaving?

┈┈▶ 이번주 토요일입니다.

디스 세러데이

This Saturday.

바꿔 말하기

| · 다음주 월요일 | Next Monday | 넥스트 먼데이 |
| · 11월 15일 | November 15th | 노벰버 피프틴쓰 |

유용한 표현

▼ 뉴욕으로 가는 비행기편을 예약하고 싶습니다.

아이드 라익 투 메이커 레저베이션 투 뉴욕
I'd like to make a reservation to New York.

▶ 언제 출발하십니까?

웬 아 유 리빙
When are you leaving?

▼ 이번주 토요일 오후로 부탁합니다.

디스 세러데이 애프터눈, 플리즈
This Saturday afternoon, please.

▼ 예약을 재확인하고 싶습니다.

리컨펌 마이 레저베이션, 플리즈
Reconfirm my reservation, please.

▼ 예약을 변경하고 싶습니다.

캐나이 체인지 마이 레저베이션
Can I change my reservation?

초보여행자도 한번에 찾는다

▶ 어떻게 예약을 변경하고 싶습니까?

하우 우쥬 라익 투 췌인짓
How would you like to change it?

▼ 수요일로 연기하고 싶습니다.

딜레이 잇 투 웬즈데이
Delay it to Wendesday.

▶ 성함과 전화번호를 가르쳐주십시오.

유어네임 앤 폰 넘버 플리즈
Your name and phone number, please.

▶ 오후 6시에 싱가폴 에어라인 로스엔젤레스행 719편이 있습니다.

싱가폴 에어라인즈 세븐원나인 투 로스엔젤리스 앳 식스 피엠, 오케이
SQ 719 to LA at 6 p.m., OK?

▶ 예약이 [확인/취소]되었습니다.

유어 레저베이션 이즈 [컨펌드/캔슬드]
Your reservation is [confirmed /canceled].

출국

항공편
예약

항공사
카운터

탑승

기내
서비스

활용
어휘

출국

비행기에 탑승하기 전에 항공사의 카운터에서 탑승 수속을 한다. 여기에서 여권과 항공권을 제시하고 짐을

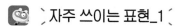 자주 쓰이는 표현_1

■ 어떤 좌석을 원합니까?

위치 싯 두유 원

Which seat do you want?

···› 창가쪽좌석을 원합니다.

윈도우 싯, 플리즈

Window seat , please.

바꿔 말하기

•금연석	Non-smoking seat	난스모킹 싯
•흡연석	Smoking seat	스모킹 싯
•복도쪽	Asile seat	아일 싯
•1등석	First class	퍼스트 클래스

맡기면 수화물표와 탑승권을 교부해 준다. 탑승 수속은 출발 1시간 전까지 한다.

 〉자주 쓰이는 표현_2 〈

출국
항공편
예약
**항공사
카운터**
탑승
기내
서비스
활용
어휘

- 탑승 시간은 언제입니까?

  웬 이즈 더 보오딩 타임

  ## When is the boarding time?

  ····〉 5시 40분입니다.

  잇츠 파이브 포오티

  ## It's 5:40.

바꿔 말하기

• 오전 11시	11 a.m.	일레븐 에이엠
• 오후 3시	3 o'clock p.m.	쓰리 어클락 피엠

45
왕초짜 여행영어

유용한 표현

▼ 영국항공사 카운터는 어디입니까?

웨어 이즈 브리티쉬 에어웨이즈 카운터
Where is BA counter?

▶ 비행기표와 여권을 보여 주십시오.

유어 티킷 앤 패스포트, 플리즈
Your ticket and passport, please.

▶ 짐은 몇 개 있습니까?

하우 매니 배기쥐즈
How many baggages?

▶ 20분 전까지 오십시오.

컴 트웨니 미니츠 어얼리어
Come 20 minutes earlier.

▼ 이것을 기내에 가지고 들어 갈 수 있습니까?

캔아이 캐리 디스 인투 더 캐빈
Can I carry this into the cabin?

초보여행자도 한번에 찾는다

▶ **네, 가지고 들어가십시오.**

예스, 유 캔

Yes, you can.

▶ **중량초과입니다.**

잇츠 오버웨이티드

It's overweighted.

▶ **추가요금을 내야합니다.**

유 해브투 페이 엑스트라 차아지

You have to pay extra charge.

▼ **몇 번 탑승구입니까?**

왓츠 더 게잇 넘버

What's the gate number?

- -

▶ **탑승구는 7번입니다.**

게잇 넘버 이즈 세븐

Gate number is 7.

출국

탑승구에는 20분 전까지 도착해야하며, 기내에 탑승하면 먼저 스튜디어스에게 탑승권boarding pass을 보여

 〉자주 쓰이는 표현_1〈

■ 노스웨스트에 탑승하신 것을 환영합니다.

웰컴 어보오드 노스웨스트

Welcome aboard NW.

⋯➔ 제 좌석은 어디입니까?

웨어 이즈 마이 싯

Where is my seat?

바꿔 말하기

• 화장실	lavatory/toilet	레버토리/토일렛
• 호출버튼	call button	콜버튼
• 이어폰	Earphone	이어폰
• 흡연구역	smoking section	스모킹 섹션

주고 좌석을 안내 받는다.

 >자주 쓰이는 표현_2 <

출국

항공편
예약

항공사
카운터

탑승

기내
서비스

활용
어휘

■ 의자를 뒤로 젖혀도 됩니까?

메이 아이 리클라인

May I recline?

┈┈┈┈┈┈┈┈┈┈┈┈┈┈┈┈┈┈

┈▸ 네, 하십시오./안하셨으면 하는군요.

예스 고 어헤드/노 유메이 낫

Yes, go ahead./No, you may not.

바꿔 말하기

• 좌석을 바꾸다 change my seat 체인지 마이 싯
• 담배를 피우다 smoke 스모크
• 저쪽으로 가다 go overthere 고 오버데어
• 지나가다 get through 겟 쓰루

▶ 탑승권을 보여 주십시오.

보오딩 패스, 플리즈
Boarding pass, please.

▶ 손님 좌석은 16-C이군요. 중앙입니다.

유어 싯이즈 식스틴 씨, 잇츠 미들
Your seat is 16-C, it's middle.

▼ 이것은 어디에 놓을까요?

웨어 캐나이 킵 디스
Where can I keep this?

- -

▶ 좌석 밑에 놓으십시오.

유 캔 킵 댓 언더 더 유어 싯
You can keep that under the your seat.

▶ 안전 벨트를 매십시오.

패슨 유어 싯 벨트, 플리즈
Fasten your seat belt, please.

▶ 곧 이륙하겠습니다.

위일 테익 오프
We'll take off.

▼ 현지 시각으로 몇 시입니까?

왓츠 더 로컬 타임
What's the local time?

▼ 화장실은 어디입니까?

웨어 이즈 레버토리
Where is lavatory?

- -

▶ 뒤쪽에 있습니다.

잇츠 인 더 백
It's in the back.

▼ 지나가도 되겠습니까?

메이 아이 겟 쓰루
May I get through?

출국

기내에서 제공되는 음료와 식사는 항공운임에 포함되어
있으므로 따로 돈을 낼 필요는 없다. 하지만 불필요하

 ﹥자주 쓰이는 표현_1 ﹤

■ 무엇을 드시겠습니까?

왓 우쥬 라익

What would you like?

- -

···▶ 커피 주세요.

커피, 플리즈

Coffee, please.

바꿔 말하기

• 쥬스	Juice	쥬스
• 청량음료	Soft drink	소프트 드링
• 포도주	Wine	와인
• 물	Water	워터

게 승무원을 호출하지 않도록 하고, 불편한 점이 있을 때는 즉시
도움을 청하도록 하자.

 〉자주 쓰이는 표현_2 〈

■ 무슨 일이십니까?

왓츠 매러 위쥬

What's matter with you?

┄┄→ 몸이 불편합니다.

아이 필 식

I feel sick.

바꿔 말하기

· 현기증 나다	feel dizzy	필 디지
· 구역질 나다	feel nauseated	필 노지에이티드
· 춥다	feel chill	필 칠
· 멀미가 나다	get airsick	겟 에어식

출국

한국에서 출발하는 비행기에는 한국어를 잘하는 스튜어디스가 탑승하므로 언어가 큰 문제가 되지 않는다.

 〉자주 쓰이는 표현_3〈

■ 이것은 어떻게 사용합니까?

하우 투 유즈 디스

How to use **this**?

┄┄> 이렇게 하십시오.

디스 웨이, 플리즈

This way, please.

바꿔 말하기

· 이어폰	earphone	이어폰
· 안전벨트	seat belt	싯벨트
· 호출버튼	call button	콜버튼
· 독서등	reading light	리딩 라잇

기내에서 제공되는 주류는 맥주, 와인, 위스키 등이 있으며 대부분 무료로 제공되고 있으나 기압차에 의하여 지상보다 빨리 취하므로 적당한 양을 먹도록 한다.

 `자주 쓰이는 표현_4`

■ 한국어로 된 잡지를 주십시오.

애니 커리언 매거진즈

Any Korean magazines?

···▶ 잠깐 기다리십시오.

웨이러 미닛, 플리즈

Wait a minute, please.

바꿔 말하기

· 영어	English	잉글리쉬
· 중국어	Chinese	차이니즈
· 일본어	Japanese	재퍼니즈
· 스포츠	sports	스포츠

유용한 표현

▼ 여보세요, 물 좀 주십시오.

익스큐즈 미, 워터, 플리즈
Excuse me, water, please.

▶ 알겠습니다. 잠깐만 기다려 주십시오.

아이 갓 잇. 웨이러 모우먼, 플리즈
I got it. Wait a moment, please.

▶ 손님, 여기 있습니다.

히어 잇디즈 써 (맴)
Here it is, sir (ma'am).

▼ 이 의자는 어떻게 젖힙니까?

하우 어저스트 디싯
How adjust this seat?

▶ 이쪽으로 당기십시오.

풀 잇 디스 웨이
Pull it this way.

▼ 점심식사는 언제 나옵니까?

웬 윌 런치 비 서브드
When will lunch be servevd?

▶ 점심시간은 12시 30분부터입니다.

프롬 트웰브 써어티
From 12:30.

▼ 저녁식사는 무엇이 됩니까?

왓츠 포 디너
What's for dinner?

▶ 생선, 쇠고기가 됩니다.

피쉬 앤 비프 아 어베일러블
Fish and beef are available.

▼ 음료수를 주십시오.

비버리지, 플리즈
Beverage, please.

출국

항공편
예약
항공사
카운터
탑승
기내
서비스
활용
어휘

유용한 표현

▼ 맥주가 있습니까?

이즈 비어 어베일러블
Is beer available?

▼ 무료입니까?

이즈 잇 프리 어브 차아지
Is it free of charge?

▼ 한 잔 더 주십시오.

어나더 원, 플리즈
Another one, please.

▼ 영화는 몇 번 채널에서 합니까?

위치 채널 이즈 무비 온
Which channal is movie on?

▼ 베개와 담요 부탁합니다.

어 필로우 앤 어 블랭킷, 플리즈
A pillow and a blanket, please.

▼ 멀미약을 주십시오.

섬 메디신즈 플리즈
Some medicines, please.

▼ 면세 쇼핑 책자를 보여주십시오.

듀티 프리 샤핑 가이드, 플리즈
Duty-free shopping guide, please.

▼ 무슨 담배가 있습니까?

왓 카인더브 씨가렛츠 두 유 해브
What kind of cigarettes do you have?

▼ 런던에는 언제 도착합니까?

웬아 위 어라이빙 투 런던
When are we arriving to London?

- -

▶ 약 2시간 후입니다.

어바웃 투 아우어즈 레이터
About 2 hours later.

출국

항공편
예약

항공사
카운터

탑승

기내
서비스

활용
어휘

도움이 되는 **활용 어휘**

항공편 예약

- 항공사   Airlines agent 에어라인즈 에이전
- 항공권   passenger ticket 패신저 티킷
- 예약   reservation/booking 레저베이션/북킹
- 체크인   check in 체크 인
- 확인   confirm 컨펌
- 재확인   reconfirm 리컨펌
- 변경   change 체인지
- 취소   cancel 캔슬
- 편명   flight number 홀라잇 넘버
- 기종   aircraft 에어크래프트
- 기항횟수   stops 스탑스
- 출발   departure 디파춰
- 도착   arrival 어라이벌
- 편도티켓   one way ticket 원 웨이 티킷
- 오픈티켓   open ticket 오픈 티킷

출국

- 고정티켓   **fix ticket** 픽스 티켓
- 할인티켓   **discount ticket** 디스카운트 티켓

항공사 카운터

- 체크인   **check in** 체크 인
- 수화물   **baggage/luggage** 배기쥐/러기쥐
- 수화물표   **claim tag** 클레임 택
- 탑승권   **boarding pass** 보오딩 패스
- 탑승구   **gate** 게잇
- 탑승구 번호   **gate number** 게잇 넘버
- 탑승시간   **boarding time** 보오딩 타임
- 편명   **flight** 플라잇
- 날짜   **date** 데이트
- 등급   **class** 클래스
- 좌석   **seat** 싯
- 목적지   **destination** 데스티네이션
- 연결편   **connecting flight** 커넥팅 플라잇

출국

항공편
예약

항공사
카운터

탑승

기내
서비스

활용
어휘

도움이 되는 활용 어휘

- 공항세   **airport tax** 에어포트 택스
- 추가요금   **extra charge** 엑스트라 차아지
- 중량초과   **overweight** 오버웨잇

탑승

- 이륙   **take off** 테익 오프
- 착륙   **landing** 랜딩
- 좌석번호   **seat number** 싯 넘버
- 승무원   **crew** 크류
- 여승무원   **stewardess** 스튜어디스
- 남승무원   **steward** 스튜어드
- 객실   **cabin** 캐빈
- 비상구   **exit** 엑시트
- 산소마스크   **oxygen mask** 옥시전 매스크
- 안전벨트   **seat belt** 싯 벨트
- 구명동의   **life jacket** 라이프 재킷
- 선반   **overhead self** 오버헤드 쉘프

출국

- 금연　　　　　　　no smoking 노 스모킹
- 안전벨트 착용　　　fasten seat belt 패슨 싯 벨트

기내 서비스

- 멀미주머니　　　　airsickness bag 에어식크니스 백
- 이어폰　　　　　　earphone 이어폰
- 독서등　　　　　　reading light 리딩 라잇
- 호출버튼　　　　　call button 콜 버튼
- 승무원 전용　　　　Crew members only 크류 멤버즈 온리
- 승무원 호출버튼　　Attendant call button 어텐던 콜버튼
- 화장실　　　　　　lavatory 레버토리
- 사용중　　　　　　occupied 아큐파이드
- 비어있음　　　　　vacant 베이컨트

출국

항공편
예약
항공사
카운터
탑승
기내
서비스
활용
어휘

입 국
IMMIGRATION

기내에서 나누어준 Immigration card입국 신고카드와 Custom declaration form 세관 신고서은 해당국의 공식문서이므로 정확히 인쇄체로 작성하도록 한다.

공항에 도착한 후 Arrival 도착 이란 표시를 따라가면 입국 수속장에 도착한다. 탁송 화물의 분실이나 지연은 Baggage claim Area수하물 찾는 곳에 있는 Lost and Found 수하물 사고 신고소 에 가방의 종류, 크기, 내용물, 투숙 호텔을 밝힌 후 화물 미도착 확인서를 받는다.

입국순서

검역 Quarantine	최근에 전염병이 발생한 지역을 거쳐오지 않는 한 예방주사나 접종카드는 필요 없다.
입국심사 Immigration	여권과 영문자를 동일하게 작성. 직업난과 처재 호텔을 공백으로 두지 않는 것도 요령이다.
수하물 찾는 곳 Baggage claim Area	타고 온 항공편이 표시된 곳에서 컨베이어에 실려 온 짐을 찾는다.
세관 Customs	세관신고서를 담당심사관에 건네준다. 마약, 무기류 등이 없으면 큰 문제는 없다.

🙂 입국카드 작성법

- **Name** 이름
  Family Name/Surname 성, Given Name 이름

- **Sex** 성
  남자는 Male 또는 M, 여자는 Female 또는 F

- **Occupation/Profession** 직업
  Student학생, Firm Employee회사원, Business Men사업가,
  House Wife주부, Teacher교사 등.
  ※ None 무직이라 쓰면 시간이 많이 걸린다.

- **Address** 주소
  숙박 예정인 숙소의 호텔이나 유스호스텔 주소, 불확실할 때는
  정보책자에 나온 숙소를 기록해도 좋다.

- **Purpose of Visit** 방문목적
  Tourism 또는 Sightseeing여행, Business사업, Study Tour
  학생 연수, Convention회의로 기록한다.

🙂 환전

외국에서 은행, 환전소, 호텔 등 환전 서비스를 하고
있는 곳은 많지만 환율은 각 기관이나 장소에 따라
서 매우 다양하므로 유리한 곳에서 환율을 하는것이
좋으며 출국하기 전에 미리 은행이나 공항의환전소
에서 환전을 하는 것이 가장 좋다.

트래블월렛(traver Wallet)은 VISA의 공식라이센
스사로 앱을 이용해 전자화폐로 외화를 충전하고
결제할 수 있다. 모바일 카드는 온라인결제만, 실물
카드는 온/오프라인 모두 결제가 가능하다.

입국

Arrival 도착 이라는 표시를 따라가면 입국심사하는 곳이 나온다. 대부분의 국가에서는 citizen 내국인 과

 〉자주 쓰이는 표현_1〈

■ 입국 목적은 무엇입니까?

　왓츠 더 퍼포저브 유어 비짓

　What's the purpose of your visit?

- -

···▶ 관광입니다.

　사잇시잉

　Sightseeing .

바꿔 말하기 ....

· 사업	Business	비지니스
· 친척방문	To visit my relatives	투비짓마이렐러티브즈
· 회의	Conference	칸퍼런스

foreigner외국인의 창구가 틀리며 미국의 경우 Non-U.S.A.
외국인 이라고 적힌 곳에 가서 입국심사를 받는다.

 자주 쓰이는 표현_2

입국

입국
심사
세관
검사
환전
활용
어휘

■ 얼마나 있을 예정입니까?

하우 롱 윌 유 스테이

How long will you stay?

- -

···→ 10일간입니다.

포 텐 데이즈

For 10 days .

바꿔 말하기

• 2주일	2 weeks	투 윅스
• 3개월	3 months	쓰리 먼쓰즈

▶ **여권을 보여 주십시오.**

쇼우 미 유어 패스포트, 플리즈
Show me your passport, please.

▼ **네, 여기 있습니다.**

예스, 히어 잇디즈
Yes, here it is.

▶ **어디서 머무를 예정입니까?**

웨어 윌 유 스테이
Where will you stay?

▼ **힐튼호텔입니다.**

앳 힐튼 호텔
At Hilton Hotel.

▶ **돌아갈 비행기표는 있습니까?**

두 유 해버 리턴 티킷
Do you have a return ticket?

▼ 아니오, 없습니다. / 네, 있습니다

노, 아이 돈 / 예스, 아이 해브
No, I don't. / Yes, I have.

▶ 어디에서 오셨습니까?

웨어 아 유 프롬
Where are you from?

입국

입국
심사
세관
검사
환전
활용
어휘

- -

▼ 한국에서 왔습니다.

아임 프롬 커리어
I'm from Korea.

▶ 직업은 무엇입니까?

왓 카인 더브 비지니스 아 유 인
What kind of business are you in?

- -

▼ 무역회사에 근무하고 있습니다.

아임 워킹 인 트래이딩 컴퍼니
I'm working in trading company.

입국

입국심사를 마치면 수하물을 찾고 세관검사를 받는데,
세관신고서를 작성하지 않은 나라도 있으나 필요하면

 〉자주 쓰이는 표현_1 〈

■ 이것은 무엇입니까?

왓츠 디스

What's this?

- -

···▶ 그것은 제 소지품입니다.

댓츠 마이 퍼스널 이펙츠

That's my personal effects.

바꿔 말하기

·진통제	pain killer	페인킬러
·선물	gift	기프트
·한국음식	Korean food	커리언푸드
·인삼	Ginseng	진생

신고서를 담당세관원에게 제출하면 되고, 마약류,무기류등을 소
지하지 않는 한 크게 걱정할 필요는 없으니 침착하게 응한다.

 자주 쓰이는 표현_2

입국
입국
심사
세관
검사
환전
활용
어휘

■ 신고할 것이 있습니까?

두 유 해브 애니씽 투 디클레어

Do you have anything to declare?

┈> 아니오, 없습니다.

노, 낫씽

No, nothing.

바꿔 말하기

•동물	animals	애니멀즈
•식물	plants	플랜즈
•마약	drugs	드렁즈

▶ **세관신고서를 보여 주십시오.**

커스텀 디클러레이션 폼, 플리즈
Custom declaration form, please.

▼ **네, 여기 있습니다.**

예스, 히어 잇디즈
Yes, here it is.

▶ **특별히 신고할 것이 있습니까?**

애니씽 스페셜 투 디클레어
Anything special to declare?

▶ **식물이나 동물을 가지고 있습니까?**

캐링 플랜츠 오어 애니멀즈
Carrying plants or animals?

▼ **아니오, 없습니다.**

노, 아이 돈트
No, I don't.

▶ 이 가방을 열어 주십시오.

플리즈 오픈 디스 백
Please open this bag.

▶ 돈은 얼마나 가지고 있습니까?

하우 머치 머니 두 유 해브
How much money do you have?

▼ 현금으로 300달러입니다.

쓰리 헌드레드 달러즈 인 캐쉬
300 hundred dollars in cash.

▼ 여행자 수표로 500달러입니다.

화이브 헌드레드 달러즈 인 트레블러즈 첵
500 dollars in traveler's check.

▶ 즐거운 여행되십시오.

해버 나이스 트립
Have a nice trip.

입국

보통 출발하기 전에 한국에서 환전을 하는데, 만약 환전을 하지 못했다면 도착지의 공항 환전소에서 교환하

 자주 쓰이는 표현_1

■ **환전소는 어디입니까?**

웨어즈 더 머니 익스 체인지

Where's the money exchange ?

⋯▶ **왼쪽 모퉁이에 있습니다.**

잇츠 온 더 레프트 코너

It's on the left corner.

바꿔 말하기

• **은행**	bank	뱅크
• **안내소**	information	인포메이션
• **전화박스**	telephone booth	텔레폰 부쓰
• **화장실**	toilet	토일렛

는 것이 좋다. 특히 동전은 많이 쓰이므로 충분히 교환하도록 한다.

 자주 쓰이는 표현_2

- 어떻게 바꿔드릴까요?

  하우 두유 원 잇

  How do you want it?

···▶ 달러로 바꿔 주십시오.

  익스췌인짓 인투 달러즈

  Exchange it into dollars.

바꿔 말하기

• 파운드	pound	파운드
• 유로	euro	유로
• 동전	coin	코인
• 20달러짜리	twenty dollar bills	트웨니 달러 빌즈

유 용 한 표 현

▼ 근처에 은행이 있습니까?

이즈 데어 뱅크 어라운드 히어
Is there a bank around here?

▼ 이것을 US달러로 바꿔 주십시오.

익스체인지 디스 인투 유 에스 달러즈, 플리즈
Exchange this into U.S.dollars, please.

▶ 현금으로 드릴까요? 수표로 드릴까요?

캐쉬 오어 첵
Cash or check?

▼ 현금으로 주십시오.

캐쉬, 플리즈
Cash, please.

▶ 호명하실 때까지 기다려 주십시오.

웨이더 모우먼 언틸 유어 네임 콜드
Wait a moment untill your name called.

▼ 10달러와 20달러 짜리로 주세요.

인 텐 앤 트웨니 달러 빌즈
In 10 and 20 dollar bills.

▼ 잔돈도 섞어 주십시오.

오울소 섬 체인지, 플리즈
Also some change, please.

입국

입국
심사
세관
검사
환전
활용
어휘

▼ 현금 자동인출기는 어디에 있습니까?

웨어 이즈 에이티엠
Where is ATM?

▼ 수수료는 얼마입니까?

하우 머치 이즈 더 커미션
How much is the commission?

▼ 환율은 얼마입니까?

왓츠 더 익스체인쥐 레잇
What's the exchange rate?

도움이 되는 **활용 어휘**

입국심사

- 입국   **immigration** 이미그레이션
- 입국카드   **disembarkation card** 디스임바케이션 카드
- 여권   **passport** 패스포트
- 비자   **visa** 비자
- 성   **family name** 패밀리 네임
- 이름   **name** 네임
- 서명   **signature** 시그내쳐
- 나이   **age** 에이지
- 성별   **sex** 섹스
- 남성   **male** 메일
- 여성   **female** 피메일
- 생년월일   **date of birth** 데이트 어브 버어쓰
- 일.월.년   **day/month/year** 데이/먼쓰/이어
- 직업   **profession/occupation** 프로패션/아큐페이션
- 기혼   **married** 매리드

입국

- 미혼 **single** 싱글
- 외국인 **foreigner** 포리너
  Non-U.S.A. 난 유에스에이
- 내국인 **citizen** 시티즌
- 발급기관 **issuing authority** 이슈잉 오쏘리티

세관검사

- 통화신고 **currency declaration** 커런시 디클러레이션
- 검사 **inspection** 인스펙션
- 반입 금지품 **prohibited article** 프라히비티드 아티클
- 동물 **animal** 애니멀
- 식물 **plant** 플랜트
- 무기류 **kinds of weapon** 카인 저브 웨폰
- 마약 **drug** 드럭
- 약 **medicine** 메디신
- 선물 **gift/present** 기프트/프레전트
- 한국음식 **Korean food** 커리언 푸드

도움이 되는 **활용 어휘**

- 된장   **beanpaste** 빈페이스트
- 김치   **Kimchi** 김치
- 젓갈류   **anchovy** 앤쵸비
- 어포류   **dried seafood** 드라이드 시푸드
- 김   **seaweed** 시위드
- 떡   **rice cake** 라이스 케익

환전

- 은행   **bank** 뱅크
- 환전소   **money exchange** 머니 익스체인지
- 환전율   **exchange rate** 익스체인지 레잇
- 통화   **currency** 커런시
- 은행원   **bank clerk** 뱅크 클럭
- 출납원   **cashier** 캐셔
- 여행자 수표   **traveler's check** 트레블러즈 첵
- 지폐   **bill** 빌
- 동전   **coin** 코인

입국

- 달러   **dollar** 달러
- 파운드   **pound** 파운드
- 유로   **euro** 유로
- 바꾸다   **change** 체인지
- 수표를 현금으로교환하다 **clear** 클리어

입국

입국
심사
세관
검사
환전
활용
어휘

교 통
TRAFFIC

한국에서 살 수 있는 해외 철도패스는 모두 외국인을 유치하기 위해 만들어져 있기 때문에 요금이 싸고 여러 가지 특전이 있다. 외국인 전용의 패스이기 때문에 현지에서는 구입할 수 없고 출발 전에 각 여행사나 지사의 창구에서 구입할 수 있다.

🚇 지하철

지하철은 Underground 영국, Subway 미국, U-bahn 독일 Metro 프랑스등 호칭은 다르지만 대도시에는 거의 다 있다. 뉴욕의 경우에는 24시간 운영하며, 토큰이나 정해진 금액을 지불하면 구간에 상관없이 같은 요금이 적용된다. 매표는 주로 자동판매기를 이용하고 유럽의 지하철은 탈때만 검표를 한다.

🐼 택시

택시는 미국의 경우 Taxi라 부르지 않고 보통 색깔이 노란색이므로 Yellow cab 옐로우 캡, Cab 캡 이라고 부른다. 택시 요금은 Mileage system 거리제 와 Zone system 지역제 을 채택하고 있다. 승차 인원에 따라 할증해서 요금을 받는 곳과 큰짐을 실을 때도 할증 요금을 받는 곳도 있다.

택시는 서비스업의 일종으로 운임 이외에 팁을 지불한다. 팁은 보통 운임의 10-15%를 주면 된다.

🐼 버스

미국의 경우, 거의 모든 관광명소를 지나며 부담도 적다. 시내에서는 거리에 상관없이 요금이 같고 요금은 승차할 때 앞문으로 타면서 동전이나 토큰을 낸다. 단, 지폐는 사용하지 않으므로 실수로 많은 돈을 내어도 거스름돈이 나오지 않는다. 장거리 여행을 할 경우에는 미국 · 캐나다의 Greyhound 그레이하운드 라는 장거리 버스를 이용하는 것이 좋다.

교 통
TRAFFIC

🐼 기차

미국의 경우, 대부분 시설이 잘 되어 있고 비행기 일등
석 이상의 넓은 좌석으로 되어 있어 편안하다. 하지만
비행기와 버스에 비해 노선과 운행편수가 적은 것이 단
점이다. 관광객들은 미국 전역에 걸쳐 약 500개 이상
의 도시를 연결하는 광역철도 운송서비스인 Amtrak
암트렉 으로 안전하고 저렴하게 여행해 보는 것도 좋다.
유럽의 경우, 국제선 열차 중 가장 대표적인 열차가
EC Euro City, IC Inter City 로 유레일패스로 가장 많이 이용하
는 열차타입이다. 좌석은 1등석, 2등석으로 구분된다.
나라별 특급열차로는 프랑스의 고속 철도인 TGV 떼제베
와 독일의 ICE, 스위스의 산악지대를 운행하는
Cisalpino, 영국과 프랑스를 연결하는 Eurostar 유로스
타 등이 있다.

•Euro City 국제기차

유럽 국제 기차로 하루에 1편씩 운행된다. EC는 대부분 차표를 사서 승차하는 경우에 추가로 요금을 지불해야 하지만 유래일 패스 소지자는 추가 요금이 필요 없다.

•Inter City 국내 기차

유럽 각국의 주요 도시를 연결하는 도시간 특급 기차로 대개 같은 구간을 같은 시간에 출발하기 때문에 편리하게 이용할 수 있다.

렌터카

차를 렌트하려면 미리 한국의 여행사나 렌터카 회사의 한국 지점에서 예약을 하고 확인서를 받아두는 것이 좋다. 또한 차를 빌릴 때는 보험에 가입하는 것이 좋고 국제운전면허증과 신용카드가 있어야 한다. 예약이 되었으면 차가 필요한 날에 운전면허증과 신용카드를 렌트한 곳에 가져가서 서류에 서명을 한 후에 차를 픽업하면 된다.

교통

보통 유명한 관광지마다 안내소가 있으므로 안내소를
잘 활용하도록 한다.

〉자주 쓰이는 표현_1 〈

■ 링컨 박물관에는 어떻게 갑니까?

하우 두 아이 고 투 링컨 뮤지엄

How do I go to Lincoln Museum?

⋯ 저기서 버스를 타십시오.

테이커 버스 오버 데어

Take a bus over there.

바꿔 말하기

· **지하철**	subway	서브웨이
· **택시**	taxi	택시
· **기차**	train	트레인
· **고속버스**	express bus	익스프레스버스

길에서 서툰 영어로 길을 묻는 경우 장난삼아 엉뚱한 길을 가르쳐 주는 사람도 있으므로 주의한다.

 ＞ 자주 쓰이는 표현_2 ＜

■ 버스정류장은 어디입니까?

웨어즈 더 버스 스탑

Where's the bus stop?

···▶ 곧장 가십시오.

고 스트레잇

Go straight.

바꿔 말하기

•**기차역**	station	스테이션
•**지하철역**	subway station	서브웨이 스테이션
•**공항**	airport	에어포트
•**항구**	harbor	하버

▼ 시내지도를 주십시오.

캐나이 해버 시티맵
Can I have a citymap?

▼ 시간표를 주십시오.

타임테이블, 플리즈
Timetable, please.

▼ 센츄럴파크로 가는 길을 가르쳐 주십시오.

텔 미 더 웨이 투 센츄럴 파크
Tell me the way to Centural Park.

- -

▶ 건너서 버스를 타십시오.

크로스 디스 스트릿 앤 테이커 버스
Cross this street and take a bus.

▼ 길을 잃었습니다. 여기가 어디입니까?

아임 로스트. 웨얼 앰 아이
I'm lost. Where am I?

▼ 얼마나 멉니까?

하우파 이즈잇
How far is it?

▶ 걸어서 약 5분입니다.

잇츠 어바웃 파이브 미닛츠 워크
It's about 5 minutes' walk.

▼ 여기서 몇 정거장입니까?

하우 매니 스탑스 프롬 히어
How many stops from here?

▶ 여기서 3번째 정거장입니다.

잇츠 써어드 스탑 프롬 히어
It's 3rd stop from here.

▼ 이 지도에 표시해 주십시오.

마크 더 플레이스 온 디스 맵
Mark the place on this map.

교통

길문기
렌터카
기차
전철
택시
버스
활용
어휘

교통

외국에서 차를 빌릴 때는 반드시 국제면허증과 여권,
신용 카드가 있어야 한다.

 〉자주 쓰이는 표현_1〈

■ 어떤 종류의 차를 원하십니까?

왓 카인 더브 카 두 유 원트

What kind of car do you want?

⋯▶ 소형차를 빌리고 싶습니다.

아이드 라이크 어 컴팩트 카

I'd like a compact car.

바꿔 말하기

· 레저카	RV	알뷔
· 오픈카	Convertible	컨버러블
· 대형	Full size	풀사이즈
· 자동	Automatic	오토매틱

렌터카

영국이나 호주 등에서는 우리나라와는 반대로 차가 좌측통행을
하므로 대단히 조심해야 한다.

 자주 쓰이는 표현_2

- 얼마 동안 빌리고 싶습니까?

  하우 롱 두 유 원트잇

  How long do you want it?

···▶ 2일간입니다.

  휘 투 데이즈

  For 2 days.

길묻기
렌터카
기차
전철
택시
버스
활용
어휘

바꿔 말하기

•5일	5 days	파이브데이즈
•일주일	a week	어 윅

왕초짜여행영어

유 용 한 표 현

▼ 차를 빌리고 싶습니다.

아이드 라익 투 렌터 카
I'd like to rent a car.

▶ 어떤 모델을 원하십니까?

위치 마들 두유 원트
Which model do you want?

▼ 레저카로 3일간 빌리고 싶습니다.

알 뷔 카 포 쓰리 데이즈
RV car for 3 days.

▶ 신용카드와 운전면허증을 보여 주십시오.

유어 크리딧 카드 앤 라이선스, 플리즈
Your credit card and license, please.

▼ 종합보험으로 해주십시오.

풀 인슈런스, 플리즈
Full insurance, please.

초보여행자도 한번에 찾는다

▼ 오픈카가 있습니까?

두 유 해브 애니 컨버러블스
Do you have any convertibles?

▼ 하루에 요금이 얼마입니까?

하우 머치 이즈잇 퍼 데이
How much is it per day?

교통
길문기
렌터카
기차
전철
택시
버스
활용
어휘

▶ 하루에 40달러입니다.

잇 이즈 포오티 달러즈 퍼 데이
It is Forty dollars per day.

▼ 스프링 팜에서 이 차를 반환 할 수 있습니까?

캐나이 리턴 잇 인 스프링 팜
Can I return it in Spring Parm?

▶ 네, 그곳에 있는 저의 대리점에 반환하시면 됩니다.

예스, 유캔 리브 잇 아우어 에이전시 데어
Yes, you can leave it at our agency there.

교통

지하철을 탈 때는 미리 지하철 노선도를 준비하도록 하고 몇번째 역에서 내려야 하는지를 물어두어 내려야 할

 > 자주 쓰이는 표현_1 <

■ 어느역에서 타야 합니까?

위치 스테이션 슈드 아이 게 돈

Which station should I get on?

- -

… 다음 정거장에서요.

앳 더 넥스트 스테이션

At the next station.

바꿔 말하기

• 내리다	get off	게도프
• 갈아타다	transfer	트랜스퍼

곳을 지나치지 않도록 한다. 안내 방송을 하지 않는 곳도 있으므로 유의한다.

자주 쓰이는 표현_2

> ■ 비버리힐즈로 가는 것은 몇 호선입니까?
>
> 위치 라인 투 베버리힐즈
>
> **Which line to** Beverlyhills**?**
>
> -
>
> ┈▶ 3호선을 타세요.
>
> 테익 쓰리 라인즈
>
> **Take 3 lines.**

교통
길묻기
렌터카
기차
전철
택시
버스
활용
어휘

바꿔 말하기

• 허리우드	Hollywood	헐리우드
• 하바드대학	Harvard College	하바드 칼리지
• 백악관	The White House	더 화잇 하우스
• 한국 대사관	Korean Embassy	커리언 엠버시

유용한 표현

▼ 지하철 노선도를 주십시오.

서브웨이 맵, 플리즈
Subway map, please.

▼ 트라팔가 광장으로 가려면 어떤 전철을 타야합니까?

위치 라인 투 트라팔가 스퀘어
Which line to Trafalga square?

▶ 4호선을 타세요.

테익 포 라인즈
Take 4 lines.

▼ 얼만큼 걸립니까?

하우 롱 더즈 잇 테익
How long does it take?

▶ 그다지 멀지 않습니다. 약 10분 정도 걸립니다.

잇츠 낫 파 프롬 히어. 어바웃 텐 미닛츠
It's not far from here.
About 10 minutes.

▼ 이 근처에 역이 있습니까?

이즈 데어 애니 스테이션 어라운 히어
Is there any station around here?

▼ 어디서 열차를 탈수 있을까요?

웨어 캐나이 겟온 더 트레인
Where can I get on the train?

교통

길묻기
렌터카
기차
전철
택시
버스
활용
어휘

▼ 뉴욕까지 왕복표 2장 주십시오.

투 라운드 트립 티킷쯔 투 뉴욕, 플리즈
Two round-trip tickets to New York,
please.

▼ 이것이 뉴욕행입니까?

이즈 디스 포 뉴욕
Is this for New York?

▼ 내립니다.

아일 게 도프
I'll get off.

교통

택시에는 미터기와 운전자의 면허증이 붙어 있다.

 〉자주 쓰이는 표현_1〈

■ 어디까지 가십니까?

웨어 투, 써

Where to, sir?

⋯➡ 이 주소로 가주세요.

투 디스 어드레스, 플리즈

To this adress, please.

바꿔 말하기

• 공항	airport	에어포트
• 맨하탄 호텔	Manhatan hotel	맨하탄 호텔
• 런던탑	The tower of London	더 타워 어브 런던
• 한국대사관	Korean Embassy	커리언 엠버시

택시

짐을 들어주는 경우 별도의 요금을 내야 하고 팁은 택시비의
10%~15%정도가 적당하다.

자주 쓰이는 표현_2

- 여기에 세워 주십시오.

  스탑 히어, 플리즈

  Stop here, please.

- ⋯ 알겠습니다.

  아이 시

  I see.

교통

길묻기
렌터카
기차
전철
택시
버스
활용
어휘

바꿔 말하기

- **다음 모퉁이** at the next corner   앳 더 넥스트 코너
- **빌딩 앞**   in front of the building   인 프론 터브 더 빌딩

▼ 택시는 어디에서 탑니까?

웨어 캐나이 캐취 어 택시
Where can I catch a taxi?

▼ 트렁크를 열어 주시겠습니까?

캔 유 오픈 더 트렁크
Can you open the trunk?

▼ 역까지는 요금이 얼마나 나올까요?

하우 머치 이즈잇 투 고우 투 더 스테이션
How much is it to go to the station?

▼ 서둘러 주세요.

허리 업, 플리즈
Hurry up, please.

▼ 다음 모퉁이에서 세워 주십시오.

스탑 엣 더 넥스트 코너, 플리즈
Stop at the next corner, please.

▶ 다 왔습니다, 손님.

히어 위 아, 써
Here we are, sir.

▼ 여기서 기다려 주십시오.

웨잇 포 미 히어
Wait for me here.

교통
길묻기
렌터카
기차
전철
택시
버스
활용
어휘

▼ 얼마입니까?

하우 머치
How much?

▼ 잔돈이 없습니다.

아이 해브 노 체인지
I have no change.

▼ 잔돈은 가지세요.

킵 더 체인지
Keep the change.

교통

대부분의 시내버스는 치안상의 이유로 버스 내에 거스름돈이 준비되어 있지 않은 경우가 많으므로 동전을 준비해야 한다.

 ﹥자주 쓰이는 표현_1﹤

■ 이 버스는 17번가에 정차합니까?

디스 버스 스탑 앳 세븐틴쓰 스트릿

Does this bus stop at 17th st.?

···﹥ 5번 버스를 타세요

테익 넘버 파이브

Take No.5.

바꿔 말하기

• 맨하탄	Manhattan	맨해튼
• 시청	City hall	시티 홀
• 과학 박물관	Science Museum	사이언스 뮤지엄
• 디즈니랜드	Disneyland	디즈니랜드

자주 쓰이는 표현_2

- 토큰은 어디에서 살 수 있습니까?

  웨어 캐나이 게더 토큰

  Where can I get a token?

⋯▸ 저 쪽에 자동 판매기가 있습니다.

  벤딩 머쉰 이즈 오버 데어

  Vending machine is over there.

바꿔 말하기

• 표	ticket	티킷
• 안내책자	guide book	가이드북
• 팜플렛	brochure	브로슈어
• 신문	newspaper	뉴스페이퍼

유용한 표현

▼ 이 버스가 센트럴 파크에 갑니까?

더즈 디스 버스 고우 투 센트럴 파크
Does this bus go to Central Park?

▼ 그 버스는 얼마나 자주 있습니까?

하우 오픈 더즈 더 버스 런
How often does the bus run?

- -

▶ 20분마다 있습니다.

에브리 트웨니 미닛츠
Every 20 minutes.

▼ 3번 버스는 어디에서 탑니까?

웨어 캐나이 테익 넘버 쓰리
Where can I take No.3?

- -

▶ 건너편에서 타십시오

앳 더 아퍼짓 사이드
At the opposite side.

▼ 버스 노선도를 주십시오.

메이 아이 해브 어 버스 루트, 플리즈
May I have a bus route, please?

▼ 막차는 몇 시에 있습니까?

왓 타임 이스 더 라스트 버스
What time is the last bus?

▶ 막차는 12시에 있습니다.

더 라스트 버스 이즈 트웰브 어클락
The last bus is 12 o'clock.

▼ 여기에서 내려 주세요.

플리즈 렛미 오프 히얼
Please let me off here.

▼ 그곳에 도착하면 가르쳐 주시겠습니까?

렛 미 노우 웬 아이 어라이브 데어
Let me know when I arrive there.

도움이 되는 **활용 어휘**

길묻기

- 버스정류장 **bus stop** 버스 스탑
- 택시정류장 **taxi stand** 택시 스탠드
- 기차역 **station** 스테이션
- 전철역 **subway station** 서브웨이 스테이션
- 공항 **airport** 에어포트
- 항구 **harbor** 하버
- 매표소 **ticket office** 티킷 오피스
- 표 **ticket** 티킷
- 안내소 **information** 인포메이션
- 운임 **fare** 페어
- 타다 **take/get on** 테익/게 돈
- 내리다 **get off** 게 도프
- 갈아타다 **transfer** 트랜스퍼
- 버스 **bus** 버스
- 기차 **train** 트레인
- 전철 **subway** 서브웨이

교통

- 택시   **taxi** 택시
- 비행기   **airplane** 에어플레인
- 자동차   **car** 카
- 자전거   **bicycle** 바이시클
- 오른쪽   **right** 라잇
- 왼쪽   **left** 레프트
- 위   **up** 업
- 아래   **down** 다운
- 뒤   **behind** 비하인드
- 옆   **side** 사이드
- 건너편   **across** 어크로스
- 모퉁이   **corner** 코너
- 동   **East** 이스트
- 서   **West** 웨스트
- 남   **South** 싸우스
- 북   **North** 노스

렌터카

- 국제 운전면허증 international driving license
  인터내셔날 드라이빙 라이슨스

- 사고   accident 액시던트

- 도로지도   road map 로드 맵

- 고속도로   express way 익스프레스 웨이

- 유료도로   toll road 톨 로드

- 주유소   gas staion 개스 스테이션

- 자동차 수리센타 auto repair shop 오토 리페어 샵

- 렌터카 회사   rent car company 렌트 카 컴퍼니

- 임대료   rental charge 렌털 차아지

- 보증금   deposit 디파짓

- 보험료   insurance fee 인슈런스 피이

교통

기차/전철

- 1등석   **first class** 퍼스트 클래스
- 2등석   **second class** 세컨 클래스
- 입구   **entrance** 엔트런스
- 플랫폼   **platform** 플랫폼
- 출구   **exit** 엑시트
- 개찰구   **wicket** 위킷
- 보통열차   **local train** 로컬 트레인
- 급행열차   **express train** 익스프레스 트레인
- 특급열차   **non-stop train** 난 스탑 트레인
- 야간열차   **night train** 나잇 트레인
- 보통객차   **coach** 코우치
- 식당차   **dining car** 다이닝 카
- 지정좌석   **reserved seat** 리저브드 싯
- 좌석 넘버   **seat number** 싯 넘버
- 대합실   **waiting room** 웨이팅 룸
- 차장   **conductor** 컨덕터

교통

길묻기
렌터카
기차
전철
택시
버스
활용
어휘

도움이 되는 **활용 어휘**

- 짐꾼   **porter** 포터
- 갈아타기   **transfer** 트랜스퍼
- 도중하차   **stop-over** 스탑 오버
- ~에서   **from** 프롬
- ~까지   **to** 투

택시

- 택시   **taxi/cab** 택시/캡
- 택시기사   **taxi driver** 택시 드라이버
- 요금   **taxi fare** 택시 페어
- 기본요금   **minimum fare** 미니멈 페어
- 택시 승차장   **taxi stand** 택시 스탠드
- 화물요금   **baggage fare** 배기쥐 페어
- 거스름돈   **change** 체인지
- 팁   **tip** 팁
- 교통신호   **traffic signals** 트래픽 시그널즈
- 횡단보도   **intersection** 인터섹션

교통

- 우회전하다   **turn right** 턴 라잇
- 좌회전하다   **turn left** 턴 레프트
- 직진하다   **go straight** 고 스트레잇
- 서다   **stop** 스탑

버스

- 버스표   **bus ticket** 버스 티킷
- 토큰   **token** 토큰
- 시내버스   **city bus** 시티 버스
- 장거리 버스   **long distance bus** 롱 디스턴스 버스
- 직행버스   **nonstop bus** 난스탑 버스
- 관광버스   **sightseeing bus** 사잇시잉 버스
- 2층버스   **double decker** 더블 덱커
- 버스관광   **bus tour** 버스 투어
- 버스터미널   **bus terminal** 버스 터미널
- 정류장   **bus stop** 버스 스탑
- 운전기사   **bus driver** 버스 드라이버

숙박 호텔
STAYMENT

숙박 시설은 궁전타입의 호화로운 호텔부터 유스호스텔, 대학기숙사, 캠핑장에 이르기까지 종류가 다양하다. 따라서 자신의 여행목적에 알맞는 숙소를 선택하는 것이 바람직하다.

호텔은 시설과 서비스의 질적인 차이에 따라서 Deluxe Hotel특급호텔, First Class Hotel일급호텔, Standard Class Hotel이급호텔, Tourist Class Hotel관광호텔 등으로 나눌 수 있다. 고급 호텔은 호텔 체인의 한국 사무소나 여행사를 통해서 예약할 수 있다. 현지에서는 대부분의 관광 안내소에서 숙소를 예약해 주거나 숙소에 대한 정보를 얻을 수 있으며 예약할 경우 약간의 수수료를 지불 해야 한다.

객실의 종류

싱글룸Single Room	침대가 하나인 1인용 방.
더블룸Double Room	2인용 방으로 더블 베드를 사용.
트윈룸Twin Room	2인용 방으로 싱글 베드가 두 개.
트리플룸Triple Room	3인용 방으로 싱글 베드가 세 개 있는 것과 더블 베드 하나, 싱글 베드가 하나 있다.
커넥팅룸Connecting Room	복도를 통하지 않고 방과 방 사이에 있는 전용문으로 옆방에 갈 수 있는 객실.
스위트룸Suite Room	객실에 침실, 거실, 부엌, 욕실 등이 완비되어 있다.

🐼 호텔을 이용할 때 주의할 점

· 호텔문 유리문도 포함 은 문을 닫으면 자동으로 잠기게 되어 있으므로 객실 밖으로 나갈 때는 반드시 Room Key 열쇠 나 호텔카드를 가지고 나가야 한다. 문이 잠 겼을 경우 프론트나 층별 담당직원에게 말하면 문을 열어 주지만 이 때는 팁을 주어야 한다.

· 객실 냉장고 안에 들어 있는 음료, 스낵, 알코올는 유 료이다. 심지어 냉장고 문을 열고 술이나 음료수병을 꺼낸 뒤 먹지 않고 도로 넣어도 모두 먹은 것으로 계 산되는 경우도 있다.

· 목욕탕 안에는 물이 빠지는 하수구가 욕조 안에 한 개 밖에 없다. 욕조 밖에서 샤워를 하지 않도록 주의 하고 안에서 샤워를 할 때는 물이 튀지 않도록 샤워 커튼을 욕조 안쪽으로 넣어 사용한다.

· 호텔에서는 세탁물을 베란다 바깥에 내어 말려서는 절대 안된다. 욕실에서 빨아 그냥 말려도 실내 공기 가 건조해 빨리 마른다.

숙 박 기타시설
STAYMENT

🐹 모텔 Motel
자동차 여행을 할 때 이용하기 쉬운 곳으로 넓은 주차장을 확보하고 주로 도로변에 위치하고 있으므로 운전을 하고 지나가다가 Vacancy 빈 방 있음 라는 간판을 보고 들어가면 된다. 보통 2~3층 건물로 시내 중심부보다는 시내로 들어오는 입구에 위치하고 있다. 가격이 저렴하며 이용하기 간단하다.

🐹 비앤비 B&B Bed & Breakfast
저렴한 비용으로 숙박과 아침 식사를 할 수 있는 B&B는 영국 곳곳에 널리 산재해 있다. 아늑한 밤을 보내고 맛있는 아침을 먹을 수 있다.

🐹 인 Inn
원래 인은 주점과 숙박을 겸했던 곳으로, 가격이 저렴하고 내부장식이 간단한 곳으로 겉은 옛날 그대로 두고 내부를 개조하여 고급스러운 분위기를 연출하고 있다.

🐼 게스트하우스 Gesthous

일반적으로 B&B와 비슷하지만 장기체류자를 우선해서
받는다. 숙박비에 아침식사를 포함하는 경우가 많지만 일
단 확인하는 편이 좋다.

🐼 유스호스텔 Youth Hostel

외국의 여행자들과 자연 스럽게 접촉하고 값진 정보를 얻
을 수 있으며 보다 싼 숙박을 원한다면 유스 호스텔을 찾
아 보는 것도 괜찮다. 영국에는 IYHF에 가입한 호스텔과
Private 호스텔 모두 다 많다.

유스호스텔의 규정

- 숙박에는 원칙적으로 회원증이 필요하나 할증료를 지불하면 이용
  할 수 있는 곳도 있다.
- 시트는 각자 준비하도록 하나 판매를 하거나 빌려주는 곳도 있다.
- 호스텔 내에서는 금주, 금연이 원칙이다. 체크인, 체크아웃, 폐문
  시간 등을 엄수한다.
- 같은 호스텔에 3박 이상 계속해서 머무를 수 없다.
- 5~6인이 함께 묵는 기숙사식의 공동 사용식이다. 조식과 석식은 개
  인 희망에 따라 나오는 곳도 있지만 직접 해서 먹는 것이 기본이다.

🐼 펜션 Pension

우리 나라의 민박집과 비슷한 숙소로 이탈리아, 스페인, 포
르투갈 등에 발달해 있다. 가격이 저렴하고 가정적인 분위기
를 느낄 수 있다. 프랑스에서는 Pension 팡시옹, 영국은 Inn
인, 독일은 Gesthaus 게스트하우스 로 불린다.

숙박

출발 전에 예약을 하였더라도 사정이 생겨 예약시간에 도착하지 못할 때는 미리 연락을 해두는 게 좋다.

 자주 쓰이는 표현_1

- 어떤 방을 드릴까요?

  왓 카인더브 룸 우쥬 라익

  What kind of room would you like?

···▶ 더블룸을 주십시오.

  더블 룸, 플리즈

  Double room, please.

바꿔 말하기

• **트윈룸**	twin room	트윈룸
• **조용한 방**	silent room	사일런트룸
• **싱글룸**	single room	싱글룸
• **큰 방**	big room	빅룸

너무 늦으면 자동적으로 예약이 취소되며 숙박을 하지 못하고 위약금을 내는 경우도 있다.

〉 자주 쓰이는 표현_2 〈

■ 얼마나 머무실 예정입니까?

하우 롱 윌 유 스테이

How long will you stay?

┄┄ 3박하겠습니다.

포 쓰리 데이즈

For 3 days.

바꿔 말하기

| • 일주일 | a week | 어윅 |
| • 한 달 | one month | 원먼쓰 |

유용한 표현

▼ 체크인 하려고 합니다.

아이드 라익 투 체크 인, 플리즈
I'd like to check in, please.

▶ 예약하셨습니까?

디쥬 해버 레저베이션
Did you have a reservation?

▼ 서울에서 예약했습니다.

아이 해더 레저베이션 인 서울
I had a reservation in Seoul.

▶ 성함이 어떻게 되십니까?

우쥬 텔미 유어 네임
Would you tell me your name?

▶ 예약이 확인되었습니다.

유어 레저베이션 이즈 컨펌드
Your reservation is confirmed.

▶ 이 등록카드를 작성해 주세요.

필 아웃 디스 레지스트레이션 카드, 플리즈
Fill out this registration card, please.

▶ 손님 방은 820호입니다.

유어 룸 이즈 에잇투지로
Your room is 820.

▶ 여기 카드 열쇠가 있습니다.

히얼스 유얼 카드키
Here's your card key.

▼ 방을 바꿔 주십시오.

아이드 라익 투 체인지 마이 룸
I'd like to change my room.

▶ 더블로 드릴까요? 싱글로 드릴까요?

어 더블 룸 오어러 싱글 룸
A double room or a single room?

숙박
체크인
룸서비스
시설이용
체크아웃
활용어휘

유용한 표현

▼ 싱글룸으로 주십시오.

싱글 룸 플리즈
Single room, please.

▼ 1인용 침대 둘 있는 방으로 하고 싶습니다.

아이드 라이크어 룸 위드 트윈 베즈
I'd like a room with twin beds.

▼ 이 방으로 하겠습니다.

아일 테익 디스 룸
I'll take this room.

▼ 오늘밤에 방이 있나요?

두 유 해브 애니 룸스 포 투나잇
Do you have any rooms for tonight?

▶ 일행이 몇 분이세요?

하우 매니 인 유어 파티
How many in your party?

▼ 귀중품 보관 박스가 있습니까?

두 유 해버 세이프 박스 히어
Do you have a safe-box here?

▼ 제 방으로 안내해 주십시오.

쇼우 미 투 마이 룸
Show me to my room.

숙박
체크인
룸서
비스
시설
이용
체크
아웃
활용
어휘

▼ 제 가방을 들어 주십시오.

캐리 디스 백 플리즈
Carry this bag, please.

▼ 체크아웃은 몇 시입니까?

웬 이즈 체크 아웃 타임
When is check out-time?

▶ 체크아웃은 12시까지입니다.

체크 아웃 이즈 언틸 트웰브 어클락
Check out is until 12 o'clock.

숙박

룸서비스란 식사의 배달, 호텔방의 정돈, 모닝콜, 세탁 등을 해 주는 서비스를 말한다. 보통 호텔 객실에 있는

 자주 쓰이는 표현_1

- 룸 서비스입니다. 무엇을 도와 드릴까요?

  룸 서비스, 메이 아이 헬퓨

  Room service, may I help you?

···▸ 802호실로 샌드위치와 쥬스를 갖다주십시오.

  플리즈, 센더 샌드위치 앤 쥬스 투 에잇오투

  Please, send a sandwich and juice to 802.

바꿔 말하기

• **커피 두잔**	two coffees	투커피스
• **빵**	bread	브레드
• **위스키**	whisky	위스키
• **과일**	fruits	프루츠

룸 서비스

전화기 옆에 해당 서비스의 전화번호가 적혀있다. 룸서비스를 이용하면 팁을 주는 것이 예의이다.

 자주 쓰이는 표현_2

- 무슨 일이십니까?

  왓츠 롱

  What's wrong?

- ···→ 이 방이 너무 <u>춥군요</u>.

  디스 룸 이즈 투 콜드

  This room is too cold.

바꿔 말하기

•더운	hot	핫
•축축한	humid	휴미드
•건조한	dry	드라이
•시끄러운	noisy	노이지

숙박

 자주 쓰이는 표현_3

■ 에어콘이 고장 났습니다.

디 에어컨디셔너 이즈 브로큰

The airconditioner is broken.

···▶ 죄송합니다. 곧 고쳐 드리겠습니다.

위어 쏘리, 위일 픽스 잇 순

We're sorry, we'll fix it soon.

바꿔 말하기

• 난방장치	heater	히터
• 샤워기	shower	샤워
• 전등	lamp	램프
• TV	television	텔리비전

자주 쓰이는 표현_4

> ■ <u>휴지</u>가 없습니다.
>
> 데어 이즈 노 토일렛 페이퍼
>
> **There is no toilet paper.**
>
> ---
>
> ⋯▸ 잠깐만 기다려 주십시오.
>
> 웨이러 모우먼, 플리즈
>
> **Wait a moment, please.**

숙박

체크인

룸서비스

시설이용

체크아웃

활용어휘

바꿔 말하기

• **타월**	towel	타월
• **비누**	soap	숍
• **컵**	cup	컵
• **샴푸**	shampoo	샴푸

유용한 표현

▶ 룸서비스입니다. 무엇을 도와드릴까요?

룸 서비스, 메이 아이 헬퓨
Room service, may I help you?

▼ 여기는 707호입니다.

디스 이즈 룸 세븐오세븐
This is room 707.

▼ 간단한 식사를 할 수 있습니까?

아 섬스낵스 어베일러블
Are some snacks available?

▶ 물론입니다. 무엇을 드시겠습니까?

어브 코오스, 왓 우쥬 라익
Of course, what would you like?

▼ 내일 아침 6시에 깨워 주십시오.

웨익 미 업 앳 식스 투마로우 모닝
Wake me up at 6 tomorrow morning.

▼ 7시에 모닝콜 해주시겠어요?

윌유 플리즈 김미어 웨이크업콜 앳 쎄븐
Will you please give me a wake-up call at 7?

▼ 아침 식사를 주문하고 싶습니다.

아이드 라익 투 오더 브렉퍼스트, 플리즈
I'd like to order breakfast, please.

▼ 내일 아침 8시에 아침식사를 갖다 주십시오

브링 미 브렉퍼스트 앳 에잇 투마로우 모닝
Bring me breakfast at 8 tomorrow morning.

▼ 샴페인 한 병과 잔 두 개 가져다 주세요.

브링 어스 어 바틀오브 샴페인 앤 투 글라시즈, 플리즈
Bring us a bottle of champagne and two glasses, please.

▼ 어떤 종류의 맥주가 있나요?

왓 카인더브 비어 두유 해브
What kind of beer do you have?

유용한 표현

▼ 욕실에 불이 들어오지 않습니다.

배쓰룸 라잇츠 아웃
Bathroom light's out.

▼ 여분의 비누를 주십시오.

엑스트라 숍, 플리즈
Extra soap, please.

▼ 수건이 좀더 필요합니다.

위 니드 섬 엑스트라 타월스, 플리즈
We need some extra towels, please.

▼ 세탁서비스를 해주나요?

두유 해브 론드리 서비스
Do you have laundry service?

▼ 이 옷을 세탁하고 다려주세요.

플리즈 해브 디스 클린드 앤 프레스트
Please have this cleaned and pressed.

▼ 방청소를 부탁합니다.

메이컵 더 룸, 플리즈
Make up the room. please.

▼ 난방을 좀 더 [약하게/세게] 해 주시겠습니까?

[로우어/레이즈] 더 힛, 플리즈
[Lower/Raise] the heat, please.

▼ 국제 전화를 걸려면 어떻게 하죠?

하우 캐나이 메이크 언 인터내셔날콜
How can I make an international call?

▼ 열쇠를 방에 두었습니다.

아이 레프트 마이 키 인 마이 룸
I left my key in my room.

▼ 제 귀중품을 호텔 보관함에 보관해 주세요.

플리즈 킵 마이 밸류어블스 인더 호텔 세이프
Please keep my valuables in the
hotel safe.

숙박

호텔내에는 여러가지 위락시설이 있고, 비즈니스실이
별도로 마련되어 있어서 컴퓨터, 팩스, 복사기를 사용할

 〉자주 쓰이는 표현_1 〈

■ 이 호텔에는 수영장이 있습니까?

이즈 데어 어 풀 인 디스 호텔

Is there a pool in this hotel?

- -

⋯▸ 네. 이쪽으로 오십시오.

예스, 디스 웨이, 플리즈

Yes, this way, please.

바꿔 말하기

• 스낵 바	snack bar	스낵바
• 식당	dining room	다이닝룸
• 귀중품 보관함	safe deposit	세이프디파짓
• 미장원	beauty shop	뷰티샵

수 있으므로 위치 등을 알아두면 편리하게 사용할 수 있다.

 〉자주 쓰이는 표현_2 〈

■ 공중전화는 몇 층에 있습니까?

왓 플로어 이즈 더 텔레폰 부쓰 온

What floor is the telephone booth on?

⋯▶ 네, 2층에 있습니다.

예스, 잇츠 인 더 세컨드 플로어

Yes, it's in the second floor.

바꿔 말하기

· 식당	dining room	다이닝 룸
· 수영장	pool	풀
· 사우나	sauna	사우나
· 바	bar	바

유용한 표현

▼ 로비는 몇 층입니까?

왓 플로어 이즈 라비 온
What floor is lobby on?

▼ 식당으로 안내해 주십시오.

쇼우 미 더 레스토런
Show me the restaurant.

▼ 얼음을 구하고 싶습니다.

캐나이 겟 섬 아이스
Can I get some ice?

- -

▶ 층마다 아이스 박스가 있습니다.

아이스 박스 이즈 온 디 에브리 플로어
Ice box is on the every floor.

▼ 한국으로 팩스를 보내고 싶습니다.

아이드 라익 투 센드 어 팩스 투 커리아
I'd like to send a fax to korea.

▼ 호텔에 팩스가 있습니까?

두 유 해버 팩스 머신 인 더 호텔
Do you have a fax machine in the hotel?

▶ 저한테 온 메시지가 있습니까?

두 유 해브 애니 메시지즈 포 미
Do you have any messages for me?

숙박
체크인
룸서
비스
시설
이용
체크
아웃
활용
어휘

▼ 제 짐을 다시 찾고 싶습니다.

메이 아이 해브 마이 베기쥐 백
May I have my baggage back?

▼ 이발소는 어디에 있습니까?

웨어 이즈 바버즈
Where is barber's?

▶ 이발소는 지하 2층입니다.

잇츠 더 세컨 플로어 어브 더 베이스먼
It's the 2nd floor of the basement.

숙박

체크 아웃하기 전에 미리 자신의 짐을 확인하고, 보관함에 맡겨둔 귀중품등을 빠트리는 없도록 한다. 만일을

 자주 쓰이는 표현_1

■ 언제 체크아웃 하시겠습니까?

웬 윌 유 체크아웃

When wiill you check out?

⋯▶ 10시에 체크아웃 하겠습니다.

아이드 라익 투 체크아웃 앳 텐 어클락

I'd like to check out at 10 o'clock.

바꿔 말하기

• 오늘 오후	this afternoon	디스 애프터눈
• 내일 아침	tomorrow mornig	투마로우 모닝
• 하루 일찍	one night earlier	원 나잇 어얼리어
• 하루 늦게	one night later	원 나잇 레이터

위해 거래처나 친구에게 전할 것이 있으면 프론트에 부탁을 하거
나 메모를 해놓으면 된다.

자주 쓰이는 표현_2

■ 하루밤 더 묵고 싶습니다.

아이드 라익 투 스테이 원 모어 나잇 , 오케이

I'd like to stay one more night, OK?

- -

…▷ 좋습니다. 즐겁게 보내십시오.

오케이. 인죠이 유어 스테이먼트

OK. Enjoy your stayment.

숙박
체크인
룸서
비스
시설
이용
체크
아웃
활용
어휘

바꿔 말하기

•3일 더	3 more days	쓰리 모어 데이즈
•일주일 더	one more week	원 모어 윅

▼ 체크아웃을 하고 싶습니다.

아드 라익 투 첵 아웃, 플리스
I'd like to check out, please.

▼ 지금 체크아웃 할 수 있습니까?

캔아이 체크아웃 나우
Can I check out now?

▼ 하루 일찍 출발하려고 합니다.

아임 리빙 원 나잇 어얼리어
I'm leaving one night earlier.

▼ 여기 객실 요금 계산서입니다.

히얼스 유얼 룸빌
Here's your room bill.

▼ 세금과 서비스료를 포함한 것입니까?

위드 택스 앤 서비스 차아지
With tax and service charge?

▶ 객실료를 어떻게 지불하실 건가요?

하우 두유 원투 페이 유어 빌
How do you want to pay your bill?

▶ 불편한 점은 없었습니까?

이즈 데어 애니 언컨비니언시즈
Is there any unconveniencies?

숙박

체크인
룸서
비스
시설
이용
체크
아웃
활용
어휘

▼ 택시를 불러 주십시오.

콜러 캡, 플리즈
Call a cab, please.

▼ 제 가방을 2시까지 맡아 주십시오.

플리즈 킵 마이 백 언틸 투
Please keep my bag until 2.

▼ 짐꾼을 불러 주십시오.

어 포터, 플리즈
A porter, please.

도움이 되는 **활용 어휘**

체크인

- 안내   Information 인포메이션
- 접수   registration/reception
  리지스트레이션/리셉션
- 호텔   hotel 호텔
- 호스텔   hostel 호스텔
- 유스 호스텔   youth hostel 유스 호스텔
- 관광호텔   resort hotel 리조트 호텔
- 여관   inn 인
- 모텔   motel 모텔
- 민박   private rental room 프라이빗 렌털 룸
- 홈 스테이   home stay 홈 스테이
- 싱글룸   single room 싱글 룸
- 트윈룸   twin room 트윈 룸
- 스윗룸   suite room 스윗 룸
- 욕실   bathroom 배쓰룸
- 침실   bedroom 배드룸

숙박

- 숙박객   guest 게스트
- 카드열쇠   card key 카드 키
- 보조열쇠   extra key 엑스트라 키

룸서비스

- 냉방   air-conditioning 에어 컨디셔닝
- 난방   heating 히팅
- 욕조   bath 배쓰
- 수건   towel 타월
- 목욕수건   bath towel 배쓰 타월
- 핸드타월   hand towel 핸드 타월
- 세수수건   wash towel 워쉬 타월
- 비누   soap 솝
- 전등   light/lamp 라잇/램프
- 재떨이   astray 애쉬트레이
- 행거   hanger 행거

숙박
체크인
룸서비스
시설이용
체크아웃
활용어휘

도움이 되는 **활용 어휘**

- 콘센트   **outlet** 아우렛
- 아답터   **adapter** 어뎁터
- 선반   **closet** 클로짓
- 담요   **blanket** 블랭킷
- 베개   **pillow** 필로우
- 세탁물   **laundry** 론드리
- 열쇠   **key** 키
- 화장지   **toilet paper** 토일렛 페이퍼
- 시트   **sheet** 쉿

시설이용

- 로비   **lobby** 라비
- 접수처   **front desk** 프론 데스크
- 식당   **dining room** 다이닝 룸
- 스낵바   **snack bar** 스낵 바
- 커피숍   **coffee shop** 커피 샵

숙박

- 레스토랑   **restaurant** 레스토런트
- 디스코텍   **discotheque** 디스코텍
- 수영장   **pool** 풀
- 귀중품 보관함   **safe box** 세이프 박스
- 아이스박스   **icebox** 아이스박스
- 미용실   **beauty shop** 뷰티 샵
- 이발소   **barber's (shop)** 바버즈 (샵)
- 파마   **permanent** 퍼머넌트
- 세트   **set** 세트
- 면도   **shave** 쉐이브
- 헤어커트   **haircut** 헤어컷
- 맛사지   **massage** 매사지
- 구렛나루   **sideburns** 사이드번즈
- 턱수염   **beard** 비어드
- 머리카락   **hair** 헤어
- 화장   **make-up** 메이크 업

숙박
체크인
룸서
비스
시설
이용
체크
아웃
활용
어휘

식사 식당
MEAL

고급 레스토랑부터 간이식당까지 다양한 종류의 식당이 있으며 다양한 요리와 식사 습관을 익히는 것도 귀중한 여행 체험이다. 여행시 많이 이용하는 곳은 레스토랑으로 정식의 요리를 맛볼 수 있는 식당이지만, 여행자들에게는 가격이 부담스러우나, 식당 입구에 메뉴를 게재하고 있기 때문에 가격은 대부분 예측할 수 있다.

유럽은 예약문화가 보편화 되어 있어서 레스토랑을 이용할 때 보통 예약을 한다. 웨이터에게 안내받은 자리가 마음에 들지않으면 다른 자리로 옮겨 달라고 할 수도 있다. 메뉴에 나열된 음식을 잘 모를 경우 웨이터에거 설명을 부탁해도 좋고 다른 사람들이 먹고 있는 음식을 주문하는 것도 좋은 방법 중의 하나이다.

식사를 마친 후 계산은 대부분 식탁 좌석에 앉은 채 지불하며 계산서를 보고 서비스료가 포함되어 있지 않은 경우는 식사 요금의 10~15% 정도를 팁으로 준다.

🐹 카페테리아 Cafeteria

셀프서비스를 원칙으로 하는 레스토랑이다. 요리와 가격을 보면서 음식을 선택하기 때문에 주문할 때 신경쓸 필요가 없다. 가격도 보통의 레스토랑보다 싼곳이 많다.

🤖 패스트푸드점 Fast Food

여행시 쉽게 발견할 수 있는 음식점이 패스트푸드점이
다. 우리에게 익숙한 Mcdonald 맥도날드, KFC 케이에프씨
등에서 햄버거와 콜라 등으로 간단하게 한끼를 해결할
수 있다. 이곳에서 무료로 화장실을 이용할 수 있다.

🤖 간이식당 Imbibes

각 도시의 기차역마다 임브스라고 하는 간이 식당이 있
다. 이곳에서 햄버거, 소시지, 커피 등을 싼 값으로 판
매하고 있다.

🤖 부페 Buffet

한꺼번에 너무 많은 양을 가져 다가 남기지 않도록 주의
하고, 조금씩 자주 가져온다. 쥬스나 커피는 무료로 제
공되고 술 종류는 보통 따로 주문하고 나중에 계산한다.

🤖 한국음식점 Korean Restaurant

LA, 뉴욕, 런던, 파리, 로마, 빈 등 유럽의 대도시뿐 아
니라 해외 어디에서나 한국 식당을 쉽게 발견할 수 있
다. 그러나 우리나라에서 값싸게 먹던 한식도 외국에서
는 특별식이므로 꽤 비싼 편에 속한다.

식 사 음식종류
MEAL

🐼 스테이크 Steak
- **Rare** 레어   살짝 구운 것. 거의 날것에 가깝다.
- **Medium** 미디엄   중간 정도 구운 것.
- **Welldone** 웰던   완전히 익힌 것.

🐼 드레싱 Dressing
- **Oil and Vinegar** 오일 앤 비니거
  올리브유와 초., 후추를 섞은 것.
- **Thousand Island** 싸우전드 아일랜드
  토마토스프를 넣고 혼합한 것. 옅은 핑크색으로 달콤하다.
- **French** 프렌치
  올리브유와 레몬즙, 양파를 혼합. 오렌지색으로 신맛이 난다.
- **Italian** 이탈리언
  올리브유, 식초, 후추, 마늘을 혼합. 황갈색으로 좀 맵다.
- **Blue cheese** 블루치즈
  블루치즈, 마요네즈, 레몬즙을 혼합한 것으로 영양가가 높다.
- **Roquefort** 로우커포르
  블루치즈와 비슷하나 그보다 맛이 강하다.

🐼 계란요리 Egg

- Scrambled Egg 스크램블 에그   계란을 풀어서 지진 것
- Sunnyside up 서니사이 답   한 쪽만 지진 계란 반숙
- Turned over 턴드 오우버 /Easy over 이지 오우버
        흰자를 반 정도 지진 것을 다시 뒤집어 지진 것
- Over hard 오우버 하드   양쪽을 완전히 지진 것
- Boiled egg 보일드 에그   삶은 계란
- Poached egg 포우치트 에그   껍질이 없이 삶은 계란

🐼 감자요리 Potato

- Mashed potato 매쉬드 포테이토
        삶은 감자를 버터와 함께 으깬 것
- Baked potato 베이크드 포테이토
        껍질째로 은박지에 싸서 구운 감자
- Fried potato 프라이드 포테이토   잘게 썰어 기름에 튀긴 감자
- Home fried potato 홈 프라이드 포테이토
        감자에 버터, 소금, 후추 양파를 넣어 볶으면서 익힌 것

식사

고급 레스토랑은 미리 예약을 하지 않으면 자리가 없을
수도 있고, 가서 많이 기다려야 하므로 반드시 예약을

 ˋ자주 쓰이는 표현_1 ˊ

■ 센츄리 레스토랑입니다.

센츄리 레스토런, 메이 아이 헬퓨

Century restaurant, may I help you?

┄┄┄┄┄┄┄┄┄┄┄┄┄┄┄┄┄┄┄┄┄┄┄┄

····▶ 2명 자리를 예약하려고 합니다.

아이드 라익 투 메이커 레저베이션 포 투

I'd like to make a reservation for 2.

바꿔 말하기

•4명	for 4	포포
•창가쪽	window table	윈도우테이블
•테라스쪽	on the terrace	온더테라스

하고 가도록 한다. 또한 정장차림을 요구하는 곳도 있다.

 〉자주 쓰이는 표현_2 〈

■ 예약은 하셨습니까?

두 유 해버 레저베이션

Do you have a reservation?

⋯▶ 아니오, 예약을 하지 않았습니다.

노, 아이디든 메이크어 레저베이션

No, I did'n t make a reservation.

바꿔 말하기

• **브라운이란 이름으로 예약했습니다.**
We made a reservation under Brown.
위 메이더 레저베이션 언더 브라운

• **8시로 예약했습니다.** I have a reservation at eight.
아이 해버 레저베이션 앳 에잇

▼ 오늘 밤 예약을 하고 싶은데요.

아이드 라익 투 메이커 레져베이션 투나잇
I'd like to make a reservation tonight.

▶ 몇 시로 하시겠습니까?

왓 타임 우쥬 라이크
What time would you like?

▼ 7시에 3사람이 갈 예정입니다.

쓰리 피플 이즈 고잉 앳 세븐
3 people is going at 7.

▼ 창가자리를 부탁합니다.

바이 더 윈도우, 플리즈
By the window, please.

▶ 성함을 말씀해 주시겠습니까?

메이 아이 해브 유어 네임, 플리즈
May I have your name, please?

▼ 일행이 4명입니다.

에이 파티 오브 포
A party of 4.

▼ 몇 시까지 가야합니까?

바이 웬 캔 위 고
By when can we go?

▶ 7시까지 오십시오.

플리즈 컴 바이 세븐
Please come by 7.

▶ 정장을 하고 오십시오.

유 해브 투 겟 드레스트 업
You have to get dressed up.

▶ 좌석이 모두 예약되었습니다.

올 싯츠 아 아큐파이드
All seats are occupied.

식사

식당 입구에 음식 견본이 진열되어 있거나 사진이 붙어 있는 곳이 많다. 주문할 때에 영어에 자신이 없으면 메

 〉자주 쓰이는 표현_1 〈

■ 무엇을 드시겠습니까?

왓 우쥬 라익 투 해브

What would you like to have?

- -

···▶ 특별한 요리가 있습니까?

애니 스페셜 디쉬즈, 히어

Any special dishes , here?

바꿔 말하기

• **향토요리**	local dishes	로컬 디쉬즈
• **해산물요리**	seafood dishes	시푸드 디쉬즈
• **다이어트요리**	diet dishes	다이어트 디쉬즈
• **야채요리**	vegetarian dishes	베저테리언 디쉬즈

뉴를 보고 손가락으로 자기가 먹고 싶은 것을 가리켜서 시키거나
옆사람이 먹는 것과 같은 것을 주문하는 것도 하나의 방법이다.

 자주 쓰이는 표현_2

- 스테이크는 어떻게 해서 드시겠습니까?

  하우 두유 라익 유어 스테익

  How do you like your steak?

···▸ 완전히 <u>익혀</u> 주십시오.

  웰던, 플리즈

  Well done, please.

바꿔 말하기

- **적당히 익힌 것** medium 미디엄
- **덜 익은 것** rare 레어

유용한 표현

▶ **주문하시겠습니까?**

아유 레디 투 오더
Are you ready to order?

▼ **나중에 주문하겠습니다.**

레이터
Later.

▼ **메뉴를 주십시오.**

메뉴, 플리즈
Menu, please.

▼ **오늘의 스프는 무엇입니까?**

왓츠 더 숩 어브 더 데이
What's the soup of the day?

▼ **저는 이것으로 하겠습니다.**

아일 테익 디스
I'll take this.

▶ 샐러드는 무엇으로 하시겠습니까?

왓 카인 더브 샐러즈 두 유 해브
What kind of salads do you have?

▼ 멕시칸 샐러드로 주세요.

멕시칸 샐러드, 플리즈
Mexican salad, please.

▼ 커피는 식사 후에 주십시오.

아이드 라익 커피 애프터 디너, 플리즈
I'd like coffee after dinner, please.

▼ 와인 리스트를 보여 주십시오.

와인 리스트, 플리즈
Wine list, please.

▼ 와인을 잔으로 주문할 수 있습니까?

캐나이 오더 와인 바이 더 글래스
Can I order wine by the glass?

식사

레스토랑
예약
주문
디저트
패스트
푸드점
계산
활용
어휘

식사

디저트로는 커피나 아이스크림, 홍차, 과일 등이 나오며 식사비에 포함되어 있는 경우도 있고 그렇지 않은 경우도 있다.

 ＞자주 쓰이는 표현_1＜

■ 디저트로 무엇이 있습니까?

왓츠 포 디저어트

What's for dessert?

- -

···▶ 아이스크림과 과일이 있습니다.

아이스 크림 앤 프루츠 아 어베일러블

Ice cream and fruits are available.

바꿔 말하기

• 샐러드	salad	샐러드
• 에피타이저	appetizer	에피타이저
• 식전 술	aperitif	어페리팁
• 주요리	entree/main dish	안트레이/메인디쉬

자주 쓰이는 표현_2

- **커피를 더 주십시오.**

  썸 모어 커피, 플리즈

  Some more coffee, please.

···▶ **잠깐 기다리십시오.**

  웨이러 미닛, 플리즈

  Wait a minute, please.

바꿔 말하기

• 빵	bread	브레드
• 물	water	워터
• 홍차	tea	티
• 냅킨	napkin	냅킨

▼ **여보세요. 디저트를 주십시오.**

익스큐즈 미, 썸 디저트 플리즈
Excuse me, some dessert, please.

▶ **디저트로 뭘 드시겠습니까?**

왓 우쥬 라익 포 디저트
What would you like for dessert?

▼ **커피 주세요.**

아일 해브 커피
I'll have coffee.

▼ **디저트로 뭐가 됩니까?**

왓츠 어베일러블 포 디저트
What's available for dessert?

▶ **과일 쥬스, 홍차, 커피입니다.**

프루츠 쥬스, 티 앤 커피 아 어베일러블
Fruits juicies, tea and coffee are
available.

▼ 냉홍차주세요.

아일 해브 아이스티
I'll have ice tea.

▼ 디저트는 생략하겠습니다.

아일 스킵 더 디저트
I'll skip the dessert.

▼ 저도 똑같은 걸로 주세요.

아일 해브 더 쎄임
I'll have the same.

▶ 커피를 더 드시겠습니까?

우 쥬 라익 모어 커피
Would you like more coffee?

- -

▼ 네, 주십시오. / 아니요, 됐습니다.

예스, 플리즈 / 노, 쌩큐
Yes, please. / No, thank you.

식사

우리나라 패스트푸드점과 마찬가지로 주문을 하고 나면
먹고 갈 것인지, 포장해 갈 것인지 반드시 물어본다.

 ＞자주 쓰이는 표현_1 ＜

- 겨자소스를 뿌려 주세요.

  위드 머스터드 소스

  With mustard sauce.

····▶ 그 밖에는요?

  섬씽 엘스

  Something else?

바꿔 말하기

• 케첩	ketchup	케첩
• 마요네즈	mayonaise	매요네이즈
• 잼	jam	잼
• 버터	butter	버터

먹고 갈 거면 Here, 가지고 갈 거면 To go라고 대답하면 된다.

 〉자주 쓰이는 표현_2 〈

■ 양파는 빼고 주십시오.

홀드 어니언즈, 플리즈

Hold onions , please.

- -

···▶ 알겠습니다.

아이 갓 잇

I got it.

바꿔 말하기

• 상치	lettuce	레티스
• 토마토	tomato	토메이토
• 치즈	cheese	치즈
• 햄	ham	햄

유용한 표현

▶ 어서 오십시오.

메이 아이 헬퓨
May I help you?

▼ 햄버거 하나와 콜라 작은 것을 하나 주십시오.

어 햄버거 앤 스몰 코크, 플리즈
A hamburger and small coke, please.

▶ 여기서 드실 겁니까? 가져가실 겁니까?

히어 오어 투 고
Here or to go?

▼ 여기서 먹을 겁니다./가지고 갈 겁니다.

히어   / 투 고우
Here./To go.

▶ 햄버거에는 뭘 넣어 드릴까요?

왓 우쥬 라익 온 유어 햄버거
What would you like on your hamburger?

▼ 치즈와 상추를 넣어 주세요.

치즈 앤 레티스, 플리즈
Cheese and lettuce, please

▶ 토핑은 어떤 것으로 하시겠어요?

왓 타핑스 두 유 원 온 잇
What toppings do you want on it?

▼ 이 자리에 앉아도 됩니까?

메이 아이 테익 디스 싯
May I take this seat?

▼ 휴지통은 어디에 있습니까?

웨어즈 더스트 빈
Where's dust bin?

▼ 빨대는 어디에 있습니까?

웨어즈 스트로우
Where's straw?

식사

미국이나 유럽에서는 식사 후 계산을 할 때 주로 팁을 주게 되는데, 계산서의 10%~15%정도를 팁으로 준다.

 자주 쓰이는 표현_1

■ 수표도 받습니까?

두유 억셉 첵

Do you accept check?

···▸ 물론입니다.

어브 코오스

Of course.

바꿔 말하기

• 신용카드	credit card	크레딧 카드
• 여행자 수표	traveler's check	트레블러즈 첵
• 비자카드	Visa card	비자 카드
• 마스타카드	Master card	매스터 카드

현금으로 줘도 되고 신용 카드의 결제 금액을 적을 때 덧붙여 합계 금액을 내도 된다.

자주 쓰이는 표현_2

■ 무엇이 포함된 것입니까?

왓츠 인클루디드

What's included?

···› 세금 포함입니다.

위드 택스

With tax.

바꿔 말하기

• 서비스료	service charge	서비스차아지
• 부과요금	extra charge	엑스트라 차아지
• 팁	tip	팁
• 좌석요금	cover charge	커버 차아지

유용한 표현

▼ 전부 얼마입니까?

하우 머치 이즈 올투게더
How much is altogether?

▼ 이것은 제가 주문한 음식이 아닌데요.

디스 이즈 낫 왓 아이 오더드
This is not what I ordered.

▼ 각자 지불합시다.

렛츠 고 더치
Let's go dutch.

▼ 계산서를 따로 주십시오.

세퍼레잇 첵스, 플리즈
Seperate checks, please.

▼ 계산서를 주십시오.

브링 미 더 첵, 플리즈
Bring me the check, please.

▶ 계산서입니다.

히어 이즈 더 첵
Here is the check.

▼ 여행자 수표도 받습니까?

트레블러즈 첵, 오케이
traveler's check, OK?

▶ 물론입니다. 여기에 서명해 주십시오.

써튼리, 사인 히어, 플리즈
Certainly, sign here, please.

▼ 영수증을 주십시오.

어 리십, 플리즈
A receipt, please.

▼ 잔돈이 틀립니다.

유 게이브 미 롱 체인지
You gave me wrong change.

도움이 되는 **활용 어휘**

레스토랑 예약

- 음식　　　　　food 푸드
- 요리　　　　　dish 디쉬
- 식당　　　　　restaurant 레스토런
- 서양식당　　　Western restaurant 웨스턴 레스토런
- 프랑스식당　　French restaurant 프렌치 레스토런
- 이태리식당　　Italian restaurant 이태리언 레스토런
- 중국식당　　　Chinese restaurant 차이니즈 레스토런
- 일본식당　　　Japanese restaurant 재퍼니즈 레스토런
- 한국식당　　　Korean restaurant 커리언 레스토런
- 패스트푸드점　Fast Food 패스트 푸드
- 식사　　　　　meal 미일
- 아침식사　　　breakfast 브렉퍼스트
- 점심식사　　　lunch 런치
- 저녁식사　　　supper/dinner 서퍼/디너
- 향토 음식　　　local dish 로컬 디쉬
- 특별요리　　　special dish 스페셜 디쉬

식사

주문

- 고기 **meat** 미트
- 쇠고기 **beef** 비프
- 양고기 **mutton** 머튼
- 닭고기 **chicken** 치킨
- 스테이크 **steak** 스테익
- 간 **liver** 리버
- 갈비 **rib** 립
- 등심 **sirloin** 서로인
- 불고기 **grilled beef** 그릴드 비프
- 생선 **fish** 피쉬
- 연어 **salmon** 새먼
- 송어 **trout** 트라웃
- 참치 **tuna** 튜나
- 정어리 **sardine** 사아딘
- 새우 **shrimp** 쉬림프
- 가재 **lobster** 랍스타

도움이 되는 **활용 어휘**

- 게   crab 크랩
- 굴   oyster 오이스터
- 야채   vegetable 베지터블
- 감자   potato 퍼테이토
- 양배추   cabbage 캐비지
- 오이   cucumber 큐컴버
- 양파   onion 어니언
- 당근   carrot 캐롯
- 옥수수   corn 콘
- 시금치   spinach 스피나쉬

디저트

- 디저트   dessert 디저트
- 아이스크림   Ice cream 아이스 크림
- 샤베트   sherbet 셔벳
- 푸딩   pudding 푸딩
- 초콜릿   chocolate 쵸컬릿

식사

- 과일　　　　　　**fruits** 프루츠
- 음료　　　　　　**beverage** 비버리지
- 우유　　　　　　**milk** 밀크
- 쥬스　　　　　　**juice** 쥬스
- 청량음료　　　　**soft drink** 소프트 드링
- 콜라　　　　　　**coke** 코크
- 사이다　　　　　**cider** 사이다
- 포도주　　　　　**wine** 와인
- 적포도주　　　　**red wine** 레드 와인
- 백포도주　　　　**white wine** 화이트 와인
- 레모네이드　　　**lemonade** 레모네이드
- 소다수　　　　　**soda water** 소다 워터
- 샴페인　　　　　**champagne** 샴페인
- 홍차　　　　　　**tea** 티
- 코코아　　　　　**cocoa** 코커

도움이 되는 활용 어휘

패스트푸드점

- 햄버거   **hamburger** 햄버거
- 핫도그   **hotdog** 핫도그
- 소시지   **sausage** 소시지
- 샌드위치   **sandwich** 샌드위치
- 피자   **pizza** 피자
- 스파게티   **spaghetti** 스파게티
- 치킨   **fried chicken** 프라이드 치킨
- 튀긴 감자   **fried potato** 프라이드 퍼테이토
- 애플 파이   **apple pie** 애플 파이
- 우유   **milk** 밀크
- 콜라   **coke** 코크
- 밀크쉐이크   **milkshake** 밀크쉐이크
- 작은 것   **small** 스몰
- 중간 것   **middle** 미들
- 큰 것   **large** 라지
- 냅킨   **napkin** 냅킨

식사

- 포크   **fork** 포크
- 빨대   **straw** 스트로우
- 셀프서비스   **self service** 셀프 서비스

계산

- 계산서   **check/bill** 첵/빌
- 서비스 요금   **service charge** 서비스 차아지
- 팁   **tip** 팁
- 좌석요금   **cover charge** 커버 차아지
- 현금 출납원   **cashier** 캐셔
- 개인수표   **personal check** 퍼스널 첵
- 현금   **cash** 캐쉬
- 거스름돈   **change** 체인지
- 신용카드   **credit card** 크레딧 카드
- 비자카드   **Visa card** 비자카드
- 마스터카드   **Master card** 매스터 카드

쇼 핑
SHOPPING

외국에서의 쇼핑은 관광 다음 으로 즐거운 일이며 효율적인 쇼핑을 하려면
미리 리스트를 작성하고 양주, 담배, 향수는 공항의 면세점이 싸므로 마지막
에 구입하고 보석이나 시계 등의 고급품은 신뢰할 수 있는 곳에서 구입한다.
면세제도는 외국인여행자들에게 자국의 상품에 붙는 관세와 V.A.T.부가가치
세 등을 감면해주는 제도이다. 면세를 받는 절차는 각 나라마다 조금씩 다르
지만 고급제품인 경우는 상당한 돈이 감면되기 때문에 이용해 볼만하다.

🐼 백화점 Department Store
백화점은 우리 나라와 거의 같다. 특히 1~2월과 6~7
월 경에 바겐 세일이 있고, 세일 기간에는 백화점 앞에
Sale이라는 표시를 내건다.

🐼 면세점 Duty Free Shop
시중이나 공항의 면세점에서 필요한 양주나 화장품, 선
물 등을 면세가격으로 구입할 수 있다.

🐼 수퍼마켓 Supermarket

우리나라의 슈퍼와 같이 식료품과 일상용품을 팔고 있으며 규모가 큰 곳에는 Side Number 통로번호 에 같은 종류의 물건을 진열하여, 사고자 하는 물건의 위치를 쉽게 찾을 수 있다.

🐼 리쿼 스토아 Liquor Store

우리 나라의 구멍 가게에 해당하는 가게로 주로 술과 잡화를 판다.

🐼 체인 스토아 Chain Store

의류, 주방용품, 전자제품, 가구 등을 싼 가격으로 파는 가게로 JC Penny, Sears가 있다. 또 할인 마트로는 Wal-Mart, K-Mart 등이 있다.

🐼 편의점 Convenient Store

작은 가게로 밤 늦게 까지 문을 연다. 식료품, 담배, 신문, 다른 잡화들을 팔며 슈퍼마켓보다 비싸지만 가까워서 필요로 할 때 언제든지 살 수 있다. 미국에서는 주로 주유소와 함께 경영을 하고 있으며 우리의 편의점과 같이 24시간 영업을 하는 곳도 있다.

쇼핑하기

시간을 잘 활용하기 위해서는 미리 쇼핑 계획을 세우고
백화점과 같은 상점에서는 자기가 사고자 하는 물품이

 〉자주 쓰이는 표현_1 〈

- 시계는 어디에 있습니까?

  웨얼 아 더 와치즈

  Where are the watches?

···▶ 이 통로 끝에 있습니다.

  데얼 앳 디 앤 더브 디스 아일

  They're at the end of this aisle.

바꿔 말하기

• 여성복	women's clothing	우먼즈 클로씽
• 남성복	men's clothing	맨즈 클로씽
• 아동복	children's clothing	칠드런즈 클로씽
• 전자제품	appliances	어플라이언시즈

쇼핑 안내

어디에 있는지 위치를 물어보면 시간이 절약되고 국내 통관 때
문제점이 없는지도 알아본다.

 자주 쓰이는 표현_2

- 무엇을 찾고 계십니까?

  왓 아유 룩킹 포

  What are you looking for?

···▶ <u>모자</u>를 찾고 있습니다.

  아임 룩킹 포러 햇

  I'm looking for a hat.

쇼핑

쇼핑
안내
물건
고르기
흥정
배달
포장
활용
어휘

바꿔 말하기

• 지갑	wallet	월릿
• 핸드백	handbag	핸백

175
왕초짜 여행영어

유용한 표현

▼ 엘리베이터는 어디에 있습니까?

웨어즈 디 엘리베이터
Where's the elevator?

▶ 왼쪽 모퉁이에 있습니다.

잇츠 인 더 레프트 코너
It's in the left corner.

▶ 무엇을 찾고 있습니까?

왓 아유 룩킹 포
What are you looking for?

▼ 선물을 찾고 있습니다.

아임 룩킹 포 섬 기프츠
I'm looking for some gifts.

▼ 치마를 사고 싶습니다.

아이 워너 바이 어 스커트
I want to buy a skirt.

▼ 그냥 구경하고 있습니다.

아임 저스트 룩킹 어라운드
I'm just looking around.

▶ 천천히 구경하십시오.

테익 유어 타임
Take your time.

▼ 여성복 매장은 몇 층입니까?

위치 플로어 이즈 우먼즈 클로씽
Which floor is women's clothing?

▶ 3층입니다.

잇츠 써어드 플로어
It's third floor.

▼ 빵 종류는 어디에 있습니까?

웨얼 캐나이 파인드 더 베이크트 긋스
Where can I find the baked goods?

쇼핑하기

옷이나 신발 등을 살 때는 우리나라와 미국, 영국, 유럽의 치수 기준이 같지 않으므로 주의하고, 직접 입거나

 자주 쓰이는 표현_1

■ 이것은 어떻습니까?

하우 어바웃 디스

How about this?

···▶ 다른 색깔이 있습니까?

두 유 해브 애니 아더 컬러즈

Do you have any other colors?

바꿔 말하기

• 치수	size	사이즈
• 모델	model	마들
• 디자인	design	디자인
• 모양	shape	쉐입

신어보고 사는 것이 좋다.

 〉자주 쓰이는 표현_2 〈

■ 너무 **큽니다**. 다른 것을 보여주세요.

잇츠 투 빅. 쇼우 미 어나더원, 플리즈

It's too big. Show me another one, please.

- -

⋯▶ 네, 이쪽으로 오십시오.

예스, 디스 웨이 플리즈

Yes, this way, please.

바꿔 말하기

· 꼭끼는	tight	타잇
· 단순한	simple	심플
· 헐렁한	loose	루스
· 화려한	loud	라우드

▼ 이것 좀 보여 주시겠습니까?

쿠쥬 쇼우 미 디스 원
Could you show me this one?

▼ 윈도우에 있는 것을 보여주십시오.

쇼우 미 디 원 인 더 윈도우
Show me the one in the window.

▼ 입어봐도 됩니까?

캐나이 트라이 디스 온
Can I try this on?

▼ 옷 갈아 입는 곳이 어디입니까?

웨어즈 더 피팅룸
Where's the fitting room?

▼ 거울을 보여 주십시오.

쇼우 미 더 미러
Show me the mirror.

▼ 립스틱을 사고 싶습니다.

아이드 라익 투 바이 립스틱스
I'd like to buy lipsticks.

▼ 이것으로 빨간 색이 있습니까?

두유 해브 디스 인 레드
Do you have this in red?

▼ 아내에게 줄 반지를 찾고 있습니다.

아임 룩킹 포러 링 포 마이 와이프
I'm looking for a ring for my wife.

▼ 더 [가는 것/굵은 것]으로 주세요.

[씨너/딕커] 원 플리즈
[Thinner/thicker] one, please.

▼ 이것으로 하겠습니다.

아일 테익 디스
I'll take this.

쇼핑하기

대부분의 백화점이나 전문점은 정찰제를 실시하므로 가격 할인이 되지 않는다.

 자주 쓰이는 표현_1

- 20달러입니다.

  잇츠 트웨니 달러즈

  It's 20 dollars.

- ···▶ 제게는 너무 <u>비싸군요.</u>

  잇츠 투 익스펜시브 포 미

  t's too expensive for me.

바꿔 말하기

• 높은	high	하이
• 싼	cheap	칩
• 적당한	reasonable	리저너블
• 적당하지 않은	unreasonable	언리저너블

물건을 산 후, 반드시 영수증을 받아야 하며 이것은 환불이나 교환시 필요하다.

 자주 쓰이는 표현_2

■ 무엇을 도와 드릴까요?

메이 아이 헬퓨

May I help you?

┈┈┈┈┈┈┈┈┈┈┈┈┈┈┈┈┈┈┈┈┈┈┈┈┈

┈➔ 이것을 교환해 주십시오.

체인지 디스, 플리즈

Change this, please.

쇼핑

쇼핑
안내

물건
고르기

흥정
배달
포장

활용
어휘

바꿔 말하기

• 환불하다	return	리턴
• 수선하다	fix	픽스
• 배달하다	deliver	딜리버
• 포장하다	wrap	랩

▼ 좀 깎아 주실 수 없습니까?

캔 유 김미 애니 디스카운트
Can you give me any discount?

▼ 좀 더 싼 것은 없습니까?

두 유 해브 애니씽 치퍼
Do you have anything cheaper?

▶ 얼마 정도의 것을 원하십니까?

왓츠 유어 버드짓
What's your budget?

▼ 제 예산은 20달러 정도입니다.

마이 버드짓 이즈 트웨니 달러즈
My budget is 20 dollars.

▶ 10% 할인 해 드리겠습니다.

아일 기브 유 텐 퍼센트 디스카운트
I'll give you 10 percent discount.

▼ 면세로 살 수 있습니까?

캐나이 바이 잇 듀티 프리
Can I buy it duty free?

▼ 선물용으로 포장해 주십시오.

기프트랩, 플리즈
Gift-wrap, please.

▼ 이것을 배달해 줄 수 있습니까?

캐나이 해브 디스 딜리버드
Can I have this delivered?

▼ 호텔까지 배달해 주십시오.

딜리버 잇 투 더 호텔
Deliver it to the hotel.

▼ 이것을 [교환/반품]하고 싶습니다.

아이드 라익 투 [익스체인지 /리턴] 디스
I'd like to [exchange/return] this.

도움이 되는 **활용 어휘**

쇼핑 안내

- 백화점   department store 디파트먼 스토어
- 선물가게   souvenir shop 수비니어 샵
- 슈퍼마켓   supermarket 수퍼마킷
- 빵집   bakery 베이커리
- 정육점   butcher 부처
- 약국   drugstore 드럭스토어
- 서점   bookstore 북스토어
- 골동품점   antique shop 앤티끄 샵
- 문방구점   stationery shop 스테이셔네리 샵
- 면세점   duty(tax)-free shop 듀티(택스) 프리 샵
- 신발가게   shoe store 슈 스토어
- 피혁제품점   leather goods shop 레더 굳즈 샵
- 화장품점   cosmetic shop 코스메틱 샵
- 보석점   jewelry shop 쥬얼리 샵
- 장난감가게   toystore 토이스토어
- 술가게   liquor shop 리쿼 샵

쇼핑

물건고르기

- 옷   clothes 클로즈
- 블라우스   blouse 블라우스
- 치마   skirt 스커트
- 바지   slacks/pants 슬랙스/팬츠
- 재킷   jacket 재킷
- 코트   coat 코우트
- 속옷   underwear 언더웨어
- 양말   socks 삭스
- 스타킹   stockings 스타킹즈
- 장갑   gloves 글러브즈
- 모자   hat 햇
- 신발   shoes 슈즈
- 가방   bag 백
- 안경   glasses 글래시즈
- 넥타이   tie 타이
- 스카프   scarf 스카프

쇼핑

쇼핑
안내
물건
고르기
흥정
배달
포장
활용
어휘

도움이 되는 활용 어휘

- 벨트   **belt** 벨트
- 화장품   **cosmetic** 코스메틱
- 향수   **perfume** 퍼퓸
- 보석   **jewel** 쥬얼
- 액서서리   **accessory** 액서서리
- 목걸이   **neckless** 넥크리스
- 귀걸이   **earring** 이어링
- 손목시계   **watch** 와치
- 밝은   **bright** 브라이트
- 어두운   **dark** 다크
- 두꺼운   **thick** 딕
- 얇은   **thin** 씬
- 체크 무늬   **checker** 체커
- 물방울 무늬   **dot** 다트
- 줄무늬   **stripe** 스트라이프
- 무늬가 없는   **plain** 플레인
- 수수한   **simple** 심플

쇼핑

흥정

- 할인 **discount** 디스카운트
- 가격 **price** 프라이스
- 할인가격 **discount price** 디스카운트 프라이스
- 가격표 **price tag** 프라이스 택
- 판매원 **sales men/girls** 세일즈 맨/걸즈
- 현금 **cash** 캐쉬
- 여행자 수표 **traveler's check** 트레블러즈 첵
- 신용카드 **credit card** 크레딧 카드
- 견본 **sample** 샘플
- 사용설명서 **instruction sheet** 인스트럭션 쉬트
- 보증서 **guarantee** 게런티
- 싼 **cheap** 칩
- 비싼 **expensive** 익스펜시브
- 적당한 **resonable** 리저너블
- 적당하지 않은 **unreasonable** 언리저너블

관 광
SIGHTSEEING

해당국의 도착 공항이나 호텔, 관광안내소에서 가고 싶은 곳의 지도와 주변도시의 지도를 입수한다. 지도에는 일반적인 관광 요령과 관광 명소 등이 수록되어 있으므로 흥미있는 곳을 체크해 두고 정해진 시간에 어떻게 효율적으로 관광을 할 것인지를 결정한다. 목적지를 먼저 정한 후에 경유지, 교통편, 시간 등을 고려하도록 한다. 막연히 돌아 다니는 것보다 박물관이나 영화관 등 취미를 살리거나 주제를 정하여 여행을 하는 것도 하나의 방법이다.

🧭 현지관광

호텔의 안내소나 여행 안내소를 찾아가 관광의 종류와 관광 시간대를 선택한다. 현지 관광에는 관광 중에 자유행동과 옵션 관광이 실시되는 경우가 많은데 선택을 확실히 해야한다. 관광 내용은 시내관광, 명승지관광, 버라이어티관광 골프, 리도쇼, 나이트쇼…으로 되어 있으며, 시간은 3~4시간, 반나절, 하루 등으로 구분되어 있다. 또 한국인 가이드가 안내하는 경우도 있다. 여행 안내책자 속에 할인티켓이 첨부되어 있는 것이 많으므로 활용할만 하다.

📷 박물관 · 미술관

해당국의 문화와 인류의 발자취를 볼 수 있는 곳으로, 최고수준의 전시품들은 우리들의 마음의 양식을 풍부하게 해준다.

📷 시장

일반인들이 살아가는 삶의 모든 것을 볼 수 있는 곳으로, 벼룩시장이나 골동품시장, 음식시장 등에서는 그들과 함께 어울릴 수 있는 공간이 마련되어 있다.

📷 공원

국립공원과 같은 대자연에서 야영을 즐기거나, 해변가에서 윈드서핑을 즐기는 등 선택의 폭이 넓다. 대부분의 공원 입구에는 Park Office 공원사무실 이 있어서 현지 지도와 공원 이용방법을 알 수 있으며 Admission Fee 입장료 를 내는 곳도 있다.

관광

단체여행이 아닌경우에는 현지의 여행사나 호텔안내소
에서 바로 관광예약을 할 수 있다. 예약시에는 교통수

 자주 쓰이는 표현_1

■ 좋은 곳을 추천하여 주십시오.

레커멘드 귿 플레이시즈

Recommend good places.

┈▶ 과학 박물관을 추천하고 싶습니다.

아일 레커멘드 더 사이언스 뮤지엄

I'll recommend the science museum.

바꿔 말하기

• 금문교	Golden gate	골든 게이트
• 버킹검궁전	Buckingham palace	버킹검 팰리스
• 에펠탑	Epel tower	에이펠 타워
• 그랜드캐년	Grand canyon	그랜드 캐년

단이나 숙박 시설, 가격 등에 대해 자세히 알아본다.

자주 쓰이는 표현_2

- 근처에 여행사가 있습니까?

  아 데어 애니 트레블 에이전시 어라운 히어

  Are there any travel agency around here?

⋯▶ 네, 역 앞에 있습니다.

  예스, 인 프론 터브 스테이션

  Yes, In front of station.

바꿔 말하기

- **시장**　　　 market　　　　　　　　 미킷
- **관광안내소** tourist information 투어리스트 인포메이션
- **유적지**　　 historic places　　 히스토릭 플레이시즈
- **공원**　　　 park　　　　　　　　　 파크

▼ 여기서 여행 예약을 할 수 있습니까?

캐나이 메이커 투어 레저베이션 히어
Can I make a tour reservation here?

▼ 시내관광 안내를 부탁합니다.

시티 사잇시잉 인포메이션, 플리즈
City sightseeing information, please.

▼ 시내관광은 있습니까?

두 유 해브 시티 사잇시잉 투어즈
Do you have city sightseeing tours?

▼ 팜플렛을 주십시오.

어 사잇시잉 팸플릿, 플리즈
A sightseeing phamplet, please.

▼ 시내 지도를 얻을 수 있습니까?

캐나이 해브 더 시티 맵
Can I have the city map?

▼ 교외를 도는 여행은 있습니까?

아 데어 애니 서법 투어즈
Are there any suburb tours?

▼ 야간관광은 있습니까?

아 데어 애니 나잇 투어즈
Are there any night tours?

▼ 가이드가 동반합니까?

위더 가이드
With a guide?

▼ 코스를 가르쳐 주십시오.

왓츠 더 루트
What's the route?

▼ 정원은 몇 사람입니까?

하우 매니 피플 캔 고
How many people can go?

관광

극장이나 박물관을 갈 때는 쉬는 날, 개관, 폐관 시간 등을 잘 알아보고, 교통편도 미리 조사해 놓는다.

 〉자주 쓰이는 표현_1 〈

- 지금 미술관은 열려 있습니까?

  디 아트 갤러리 이즈 오픈 나우

  The art gallery is open now?

····▶ 네, 열려 있습니다.

  예스, 잇츠 오픈 나우

  Yes, it's open now.

바꿔 말하기

• 윈저성	Windsor castle	윈저 캐슬
• 경기장	stadium	스테이디움
• 전시장	exhibition hall	엑시비션 홀
• 박물관	museum	뮤지엄

자주 쓰이는 표현_2

- 그림엽서를 팔고 있습니까?

  두 유 셀 포스트카즈

  Do you sell postcards?

···▶ 네, 입구에서 팔고 있습니다.

  예스, 인 프론 터브 게잇

  Yes, infront of gate.

바꿔 말하기

• **기념품**	remembrance	리멤브런스
• **펜던트**	pendant	펜던트
• **필름**	film	필름
• **안내책자**	guidebook	가이드북

▼ 전시는 어디에서 하고 있습니까?

웨어즈 디 엑시비션
Where's the exhibition?

▷ 3층입니다.

잇츠 온 더 써어드 플로어
It's on the 3rd floor.

▼ 입장료는 얼마입니까?

하우 머치 이즈 디 어드미션 피이
How much is the admission fee?

▼ 특별한 행사가 있습니까?

아 데어 애니 스페셜 이벤츠
Are there any special events?

▼ 몇 시까지 개관합니까?

언틸 왓 타임 아 유 오픈
Until what time are you open?

▼ 무슨 요일에 문을 닫습니까?

왓 데이 더즈 잇 클로우즈
What day does it close?

▼ 몇 시에 문을 [엽니까 / 닫습니까]?

왓 타임 더즈 잇 [오픈 /클로우즈]
What time does it [open/ close]?

▼ 여기서 사진을 찍어도 됩니까?

테이킹 픽쳐스 히어, 오케이
Take pictures here, OK?

▶ 그곳에 들어가면 안됩니다.

킵 아웃, 플리즈
Keep out, please.

▼ 한국어로 된 안내서가 있습니까?

두 유 해브 애니 가이드북 인 커리언
Do you have any guidebook in Korean?

관광
관광
예약
박물관
스포츠
활용
어휘

관광

여행지에서 즐길 수 있는 스포츠도 많다. 수영이나 테니스의 경우는 호텔내에서도 즐길 수 있다.

 〉자주 쓰이는 표현_1 〈

■ 축구경기를 보고 싶습니다.

아이 워나 와치 사커 게임즈

I wanna watch soccer games.

···▶ 경기장이 여기서 가깝습니다.

더 스테이디엄 이즈 니어

The stadium is near.

바꿔 말하기

·야구 경기	baseball games	베이스볼 게임즈
·농구 경기	basketball games	배스킷볼 게임즈
·경마	horse race	호오스 레이스
·카레이스	car race	카레이스

■ ■ ■ ■

수상 스포츠나 스키 등을 위한 장비는 현지에서 얼마든지 대여가
가능하다.

 자주 쓰이는 표현_2

■ 무엇을 도와드릴까요?

메이 아이 헬퓨

May I help you?

···→ 스키장비를 빌려 주십시오.

렌드 미 썸 스키 이큅먼츠

Lend me some ski eguipments.

관광

관광
예약
박물관
스포츠
활용
어휘

바꿔 말하기

• 자전거	a bicycle	어 바이시클
• 서프보드	a surf board	어 서프 보오드
• 낚시도구	fishing tackle	피싱 태클
• 수영복	a swimming suit	어 스위밍 슈트

유용한 표현

▼ 오늘 야구경기가 있습니까?

아 데어 애니 베이스볼 게임즈 투데이
Are there any baseball games today?

▼ 어디에서 시합을 합니까?

웨어 두 데이 플레이
Where do they play?

▼ 경기장까지 어떻게 갑니까?

하우 두 유 겟 투 더 스테이디엄
How do you get to the stadium?

▼ 요즘 스키를 탈 수 있습니까?

캔 아이 스키 나우
Can I ski now?

▼ 초보자를 위한 코스가 있습니까?

이즈 데어 애니 코스 포 비기너즈
Is there any course for beginners?

▼ **입장료는 얼마입니까?**

하우 머치 이즈 디 어드미션 피이
How much is the admission fee?

▼ **스쿠버다이빙을 할 데가 있습니까?**

아 데어 애니 플레이시즈 포 스쿠버 다이빙
Are there any places for scuba diving?

▼ **윈드서핑 강습을 받고 싶습니다.**

아이 원터 레슨 온 윈드서핑
I want a lesson on windsurfing.

▼ **골프코스 요금은 얼마입니까?**

하우 머치 이즈 더 그린 피이
How much is the green fee?

▼ **신청서를 써 주십시오.**

플리즈 필 아웃 디스 애플리케이션
Please fill out this application.

도움이 되는 **활용 어휘**

관광 예약

- 여행사 **travel agency** 트레블 에이전시
- 관광안내소 **tourist information** 투어리스트 인포메이션
- 관광 **sightseeing** 사잇시잉
- 예약 **reservation** 레저베이션
- 팜플렛 **phamplet/brochure** 팸플릿/브로슈어
- 시내관광 **city tour** 시티 투어
- 야간관광 **night tour** 나잇 투어
- 박물관 **museum** 뮤지엄
- 자연사박물관 **Natural history museum** 내츄럴 히스터리 뮤지엄
- 미술관 **gallery** 갤러리
- 동물원 **zoo** 주우
- 식물원 **botanical garden** 보태니컬 가아든
- 의사당 **parliament** 팔러먼트
- 공원 **park** 파크
- 사원 **abbey** 애비
- 왕궁 **palace** 팰리스

관광

• 기념비	**monument**	마뉴먼트
• 입장료	**admission fee**	어드미션 피이
• 입장권	**admission ticket**	어드미션 티킷
• 성인	**adult**	어덜트
• 어린이	**children**	칠드런

박물관

• 개관중	**open**	오픈
• 폐관	**closed**	클로우즈드
• 카메라	**camera**	캐머러
• 필름	**film**	필름
• 건전지	**battery**	배터리
• 플래쉬	**flashbulb**	프레쉬벌브
• 현상	**develop**	디벨롭
• 사진	**picture**	픽쳐
• 안내책자	**guidebook**	가이드북
• 출입금지	**Keep out**	킵 아웃
• 사진금지	**No taking pictures**	노 테이킹 픽쳐즈

관광
관광
예약
박물관
스포츠
활용
어휘

도움이 되는 **활용 어휘**

스포츠

- 운동   **sports** 스포츠
- 운동장   **playground** 플레이그라운드
- 경기장   **stadium** 스테이디엄
- 경기   **game** 게임
- 경주   **race** 레이스
- 축구   **soccer** 사커
- 농구   **basketball** 배스킷 볼
- 미식축구   **American football** 어메리칸 풋볼
- 야구   **baseball** 베이스볼
- 배구   **volleyball** 발리볼
- 테니스   **tennis** 테니스
- 스쿼시   **squash** 스쿼시
- 탁구   **pingpong** 핑퐁
- 수영   **swimming** 스위밍
- 윈드서핑   **windsurfing** 윈드서핑
- 낚시   **fishing** 피싱

관광

- 보트타기   **boating** 보우팅
- 사이클링   **cycling** 사이클링
- 승마   **riding horses** 라이딩 호오시즈
- 스케이트   **skate** 스케이트
- 스키   **ski** 스키
- 제트스키   **jet skiing** 제트 스킹
- 등산   **climbing mountain** 클라이밍 마운틴
- 스쿠버다이빙   **scuba diving** 스쿠바 다이빙
- 스카이다이빙   **sky diving** 스카이 다이빙
- 행글라이딩   **hang gliding** 행 글라이딩
- 스노클링   **snorkeling** 스노클링
- 일광욕   **sunbathe** 썬베이드

관광
관광
예약
박물관
스포츠
활용
어휘

여 흥
ENTERTAINMENT

다른 나라의 새로운 문화를 즐길 수 있는 기회로는 뮤지컬, 오페라, 콘서트, 발레, 쇼는 물론 연극, 영화 게다가 스포츠 까지 있다. 이러한 것을 만끽할 수 있는 것도 해외 여행의 큰 즐거움 중의 하나이다. 현지에서의 문의사항은 호텔이나 관광 안내소에서 입수할 수 있는 Tourist GuideBook 관광정보지 등을 보면 되고, 예약은 호텔의 프론트 데스크에서 할 수 있다. 오페라, 발레 등을 구경하려면 정장을 준비해 가는 것이 좋다. 또한 사진 촬영에도 주의를 기울여야 하는데 카메라를 들고 들어가는 것이 금지되어 있는 곳도 있으므로 확인이 필요하다.

🎬 영화

우리나라 극장과 마찬가지로 미국은 대개 큰 빌딩내에 여러개의 Movie Theater 영화관 가 함께 있는 Multiplex 멀티 플렉스 로 되어 있어, 보고 싶은 영화를 마음대로 골라 볼 수 있다. 모든 연령층의 관람이 가능한 G에서 17세 미만은 관람이 불가한 NC-17 등의 등급을 영화마다 매겨 놓았고 이러한 구분을 엄격히 해서 관객을 입장시킨다.

🐼 술집 Pub

대부분의 나라에서 미성년자에게 술을 파는 것을 엄격히 금하므로 술집 입구에는 미성년자 출입금지라는 표시가 있으며 신분을 증명할 수 있는 Passport 여권 를 제시 하라고 적혀있다. 영국의 Pub 선술집 은 우리나라의 호프집 처럼 맥주를 즐길 수 있는 곳이다. 토플리스 바 등에서는 무희를 보고 즐기는 것은 자유지만 신체적 접촉은 엄격히 금하고 있다. 또한 어느 나라나 술취한 사람에겐 엄격해서 소란을 피우거나 사고를 내면 그 자리에서 연행을 당하며 바가지를 씌우는 경우도 주의해야 한다.

🐼 카지노 Casino

미국의 라스베가스나 마카오 등 도박이 공인된 곳에서는 도박을 즐길 수 있다. 누구나 쉽게 즐길 수 있는 Slot Machine 슬랏머쉰 이나 Roulette 루울렛 은 초보자가 적은 돈으로 한번쯤 해볼만한 것이다.

여흥

우리나라에서도 뮤지컬이나 콘서트 등 다양한 공연을
즐길 수 있지만 본 고장에서 공연을 즐기고 오는 것

 〉자주 쓰이는 표현_1 〈

■ 어떤 좌석을 원하십니까?

위치 싯츠 두 유 원

Which seats do you want?

···▶ A석으로 주십시오.

에이 싯 플리즈

A seat , please.

바꿔 말하기

• 로얄석	royal seat	로우열 싯
• 앞좌석	front seat	프론트 싯
• B석	B seat	비 싯
• 입석	standing seat	스탠딩 싯

또한 잊지 못할 소중한 경험이 될 것이다.

 >자주 쓰이는 표현_2<

- 지금 무엇이 상영중입니까?

  왓 츠 온 나우

  What's on now?

···▶ 뮤지컬이 상영되고 있습니다.

  어(언) 뮤지컬 이즈 온 나우

  A(An) musical is on now.

바꿔 말하기

• 영화	movie	무비
• 연극	play	플레이
• 오페라	opera	아퍼러
• 쇼	show	쇼우

▼ 지금은 무엇을 공연하고 있습니까?

왓츠 쇼우잉 나우
What's showing now?

▼ 티켓을 예매하고 싶습니다.

아이드 라익 투 리저어브 티킷츠
I'd like to reserve tickets.

▼ 오늘 표가 있습니까?

두 유 해브 애니 티킷츠 포 투데이
Do you have any tickets for today?

- -

▶ 오늘 표는 매진입니다.

더 티킷츠 포 투데이 워 솔다웃
The tickets for today were sold out.

▼ 언제 까지 공연합니까?

바이 웬
By when?

▼ 뮤지컬은 몇 시에 시작합니까?

왓 타임 더즈 더 뮤지컬 비긴
What time does the musical begin?

▼ 7시 공연표가 있습니까?

두 유 해버 티킷 포 세븐 어클락
Do you have a ticket for 7 o'clock?

▼ 7시 표로 2장 주십시오.

투 티킷츠 앳 세븐 어클락, 플리즈
2 tickets for 7 o'clock, please.

▼ 어떤 좌석이 있습니까?

왓 카인저브 싯츠 아 어베일러블
What kinds of seats are available?

▼ 제 자리로 안내해 주십시오.

투 마이 싯, 플리즈
To my seat, please.

여흥

유흥업소나 게임룸에 출입하려면 꼭 신분증을 지참하고
가도록 한다. 특히 동양인의 나이는 서양인들이 알기
어렵고 미성년자는 절대로 출입시키지 않는다.

 자주 쓰이는 표현_1

■ 도박을 하려고 합니다.

아이 워 너 갬블

I want to gamble.

···▶ 제가 안내해 드리겠습니다.

아일 쇼우 유

I'll show you.

바꿔 말하기

• 춤추다	dance	댄스
• 쇼를 보다	watch a show	와치 어 쇼우
• 술을 마시다	drink	드링
• 술집에 가다	go to pub	고 투 펍

자주 쓰이는 표현_2

■ 무엇을 드시겠습니까?

왓 우쥬 라익

What would you like?

- - -

···▶ 생맥주 한 잔 주십시오.

아이드 라익 어 드래프트 비어

I'd like a draft beer.

여흥

공연

카지노
디스코텍
술집

활용
어휘

바꿔 말하기

• 브랜디 한 잔	a glass of brandy	어 글래스 오브 브렌디
• 얼음 넣은 스카치 위스키	scotch on the rocks	스카치 온 더 락스
• 밀러 두 병	two millers	투 밀러즈

유용한 표현

▼ 이 호텔에는 카지노가 있습니까?

이즈 데어 어 커지노 인 디스 호텔
Is there a casino in this hotel?

▼ 30달러치의 칩을 주십시오.

칩스 오브 써티 달러즈, 플리즈
Chips of 30 dollars, please.

▼ 룰렛은 어떻게 합니까?

하우 두 유 플레이 더 룰렛
How do you play the roulette?

▼ 규칙을 설명해 주십시오.

플리즈 익스플레인 더 룰즈
Please explain the rules.

▼ 칩을 현금으로 바꿔주십시오.

익스체인지 디즈 칩스 포 캐쉬
Exchange these chips for cash.

▼ 나이트클럽에 갑시다.

렛츠 고 투 더 나이트 클럽
Let's go to the night club.

▼ 저와 춤추시겠습니까?

우쥬 댄스 위드 미
Would you dance with me?

▼ 제가 한 잔 사겠습니다.

아일 바이 어 드링크
I'll buy a drink.

▼ 맥주는 어떤 종류가 있습니까?

왓 브렌 더브 비어
What brand of beer?

▼ 어떤 안주가 됩니까?

왓 카인 더브 사이드 디쉬즈 아 어베일러블
What kind of side dishes are available?

여흥

공연
카지노
디스코텍
술집
활용
어휘

도움이 되는 활용 어휘

공연

- 공연   **performance** 퍼포먼스
- 오페라   **opera** 아퍼러
- 영화   **movie/film** 무비/필름
- 연극   **play** 플레이
- 콘서트   **concert** 칸서트
- 뮤지컬   **musical** 뮤지컬
- 쇼   **show** 쇼우
- 스트립쇼   **strip show** 스트립 쇼
- 토플리스쇼   **topless show** 토플리스 쇼
- 무대   **stage** 스테이지
- 입장권   **admission ticket** 어드미션 티킷
- 예매권   **advance ticket** 어드벤스 티킷

카지노/디스코텍/술집

- 카지노   **Casino** 커지노
- 슬롯 머쉰   **Slot machine** 슬랏 머쉰
- 루울렛   **Roulette** 루울렛
- 블랙잭   **Black Jack** 블랙잭

여흥

• 바카라	**Baccara** 바카라
• 카드	**card** 카드
• 딜러	**dealer** 딜러
• 칩	**chip** 칩
• 도박	**gambling** 갬블링
• 술	**drink** 드링크
• 포도주	**wine** 와인
• 백포도주	**white wine** 화이트 와인
• 적포도주	**red wine** 레드 와인
• 브랜디	**brandy** 브렌디
• 샴페인	**champagn** 샴페인
• 럼	**rum** 럼
• 진	**gin** 진
• 위스키	**whisky** 위스키
• 칵테일	**cocktail** 칵테일
• 맥주	**beer** 비어
• 생맥주	**draft eer** 드래프트 비어
• 병맥주	**bottled beer** 바를드 비어

여흥
공연
카지노
디스코텍
술집
활용
어휘

전 화
TELEPHONE

한국으로 전화를 걸 때는 각자 본인 휴대 전화를 이용할 수도 있고 호텔 객실 내 전화기나 공중전화를 사용하여 직접 전화할 수도 있다.
국제전화선불카드를 구입해서 일반전화로 걸면 비교적 저렴하게 이용할 수 있다.

국제 전화

주요 국제전화 접속코드

미 국 011	영 국 010	프랑스 19	이태리 00
일 본 001	스페인 07	독 일 00	스위스 00
호 주 0011	캐나다 011	오스트리아 900	네덜란드 09

국제 자동 전화

휴대 전화나 일반 전화로 이용할 수 있는 가장 빠르고 편리한 방법이다.

국제전화 접속코드	▶	국가번호 82	▶	국내 지역번호	▶	전화번호

★ 미국에서 한국 서울의 123-4567로 전화할 때

011 + 82 + 2 + 123-4567

국제전화 접속코드	한국	서울	전화번호

▶ 국내 지역 번호의 '0'은 사용하지 않음
▶ 서울 : 02 → 2 / 부산 : 051 → 51 / 인천 : 032 → 32

★ 미국에서 한국 휴대 전화 1234-5678로 전화할 때

011 + 82 + 10 + 1234-5678

국제전화 접속코드	한국	통신사	휴대 전화 번호

▶ 통신사 번호의 '0'은 사용하지 않음

전 화
TELEPHONE

😎 휴대 전화 사용

이제는 세계 어디를 가든 휴대 전화 하나면 있으면 통화 뿐만 아니라, 메신저로 연락을 주고 받을 수 있고 이외에도 카메라, 네비게이션으로 활용하고 인터넷을 통해 여러 정보를 얻기에 아주 유용하다.

외국에서 휴대 전화를 사용하는 방법은 크게 세 가지이다. 첫째는 외국으로 출발하기 전에 미리 국내에 가입되어 있는 기존 통신사의 로밍서비스를 이용하는 것이고, 두 번째는 외국 도착 후에 공항이나 시내에서 또는 국내에서 U-SIM유심칩 또는 E-SIM이심 을 구입하여 사용하는방법이 있으며, 세번째는 국내에서 포켓용 와이파이를미리 대여해 가는 것이다. 각각 장단점이 있으므로 비용이 유리한 쪽이나 편리한 쪽으로 선택하면 된다.

어플리케이션 전화

이 전화를 이용하려면 기본적으로 스마트폰이 필요하다. 인터넷이 발전하고 스마트폰 사용자가 늘어남에 따라 요즘 많이 이용하는 방법이다.

skype와 같은 어플리케이션앱을 사용하여 음성 및 영상 통화를 할 수 있고 사용자들 간에 메신저나 통화를 무료로 이용할 수 있다.

무료 통화라는 장점이 가장 크고, 단점이라면 어플리케이션을 깔아야 하고 인터넷 상태에 따라 통화음질의 차이가 있을 수 있다는 것이다.

전화

보통 호텔객실에 전화가 설치되어 있어 국제전화를 걸 수도 있지만 요금이 다소 비싸므로 가능한 국제전화 겸

 자주 쓰이는 표현_1

■ 화이트씨 좀 바꿔 주십시오.

메이 아이 스픽 투 미스터 화이트

May I speak to Mr. White?

…▶ 잠깐 기다려 주십시오.

웨이러 모우먼, 플리즈

Wait a moment, please.

바꿔 말하기

• 베이커 양	Miss Baker	미스베이커
• 김 선생님	Mr. Kim	미스터김
• 이 양	Miss Lee	미스리
• 피터	Peter	피터

용 공중 전화를 이용하도록 한다.

 자주 쓰이는 표현_2

■ 교환입니다. 무슨 일이십니까?

아퍼레이터, 메이 아이 헬퓨

Operator, may I help you?

- -

⋯➔ 한국의 서울로 전화를 걸고 싶습니다.

아이드 라익 투 메이커 콜 투 서울 코리아

I'd like to make a call to Seoul, Korea.

전화

전화
표현

활용
어휘

바꿔 말하기

• 콜렉트 콜	collect call	컬렉트콜
• 번호통화	station call	스테이션콜
• 지정통화	personal call	퍼스널콜
• 장거리전화	long distance call	롱디스턴스콜

유용한 표현

▼ **공중전화는 어디에 있습니까?**

웨어 이즈 더 페이폰
Where is the payphone?

▶ **통화중입니다.**

더 라인 이즈 비지
The line is busy.

▼ **메세지를 남겨도 될까요?**

캐나이 리버 메세지
Can I leave a message?

▼ **그에게 전화 왔었다고 전해 주십시오.**

텔 힘 댓 아이 콜드
Tell him that I called.

▼ **끊지 마십시오.**

홀 돈 플리즈
Hold on, please.

▼ 잘 들리지 않습니다.

아이 캔트 히어 오브 유
I can't hear of you.

▼ 더 천천히 말씀 해 주십시오.

스픽 모어 슬로우리, 플리즈
Speak more slowly, please.

▶ 잘 못 거셨습니다 .

유 해브 더 롱 넘버
You have the wrong number.

▼ 전화번호가 어떻게 됩니까?

왓츠 더 텔레폰 넘버
What's the telephone number?

- -

▶ 02-3494-9770입니다.

더 넘버 이즈 투 쓰리포나인포 나인세븐세븐지로
The number is 2-3494-9770.

전화
전화
표현
활용
어휘

긴급사태
EMERGENCY

물건을 분실, 도난당하였거나 병이 나는 등의 돌발사고가 일어 났을 때
는 바로 전화로 교환에게 연락하면 그 사정에 따라 경찰이나 병원 등
으로 연결해 준다. 언어에 자신이 없는 사람은 가이드 또는 한국대사관
이나 총영사관 등 한국어가 통하는 곳에 연락하여 도움을 받도록 한다.
호텔에서 귀중품은 프론트 데스크의 Safety Box귀중품 보관함에 맡
기고 외출시 보석이나 현금류는 절대로 방안에 두지 말고 방안에 있을
때는 잠금식를 잠그는 것을 잊지 않도록 한다.

🚽 화장실

해외에서의 화장실 사정은 나라에 따라 다르지만 유럽
이나 미국에서는 공중화장실이 대부분 유료화장실이므
로 반드시 동전을 충분히 준비하고 다니도록 한다. 사
정은 급한데 주위에 화장실이 보이지 않을 때는 근처에
있는 호텔, 백화점, 주유소, 패스트푸드점의 화장실은
무료로 사용가능하고 위생이나 치안이 우수하다. 미국
이나 유럽의 호텔과 백화점에서 화장실을 이용할 때 입
구에 청소원이 있는 경우 약간의 팁을 주는 것이 좋다.

🏥 병원

여행중 병이 났을 때는 호텔이나 Operator 전화교환 에게 부탁하여 병원에 가도록 하며 아픈상태에 따라 관계되는 전문의를 찾아 간다. 사고를 당하여 긴급한 상황에는 의료 서비스를 청한다.

💊 약국

여행중 감기나 설사, 두통 등 증상이 가벼울 때는 Drugstore 약국 을 이용하는 데, Aspirin 아스피린 과 같은 가벼운 약은 어디서나 구입할 수 있으나 Antibiotics 항생물질 은 반드시 의사의 Prescription 처방전 이 있어야만 살 수 있다.

긴급전화

미국	경찰 · 구급차 911	영국/홍콩	경찰 · 구급차 999
호주	경찰 · 구급차 000	스페인	경찰 091
일본	경찰 110		
독일	경찰 110	구급차 112	
프랑스	경찰 17	구급차 15	
이태리	경찰 113	구급차 5510	

긴급사태

약국에서 의사의 처방전이 없으면 약을 팔지 않으므로
간단한 비상약 등은 미리 준비해 가는 것이 좋다.

 〉자주 쓰이는 표현_1 〈

- 어디가 아프십니까?

  왓츠 롱 위쥬

  What's wrong with you?

····▶ 배가 아픕니다.

  아이 해버 스터머케익

  I have a stomachache.

바꿔 말하기

・두통	headache	헤데익
・감기	cold	콜드
・치통	toothache	투쓰에익
・열	fever	피버

세관신고 동식물검역	여행자 휴대품 신고서를 기내에서 미리 작성한다. 신고물 품이 없을 시 면세 통로로 통과한다. 동·식물 등을 반입할 때는 반드시 신고하고 검역을 통과 해야한다.

🐼 여행자 휴대품 신고 안내

2019년 상반기부터 인천공항 입국장에서도 면세점을 이용할 수 있다. 단, 담배, 과일과 축산가공품 등 검역대상 품목은 제외된다.

1인당 휴대품 면세범위

1. 국내 반입시, 면세점 구입품과 외국에서 구입한 물품
   총 가격이 US $800 이하
   단, 농림축산물, 한약재 등은 10만원 이내, 품목별 수량 또는 중량 제한,
   검역 합격해야 함

2. 별도 면세 상품
- 주류 2병(합산2ℓ 이하, US $400 이하)
- 담배 1보루(200개비) 이내
   단, 만19세 미만의 미성년자가 반입하는 주류 및 담배는 제외
- 향수 100㎖ 이하(2024년부터 60㎖ 상향)

반출입 금지 및 제한 물품

- 총포·도검 등 무기류, 실탄 및 화학류, 유독성 또는 방사성 물질
- 동물·식물·과일·채소류 등 농림 축산물
- 위조(가짜)상품 부착 물품
- CITES(야생동물의 국제 거래에 관한 협약) 관련 제품, 가공품
- 면세 범위 초과 물품   • 마약류 및 오남용 의약품
- US 1만 달러를 초과하는 외화 또는 원화
- 국헌·공안·풍속을 해치는 도서, 서적, 영화, 음반 등
- 판매 목적으로 반입하는 물품 또는 회사 용품

유용한 표현

▼ 체크인 하겠습니다.

체크인, 플리즈
Check in, please.

▶ 비행기표와 여권을 보여 주십시오.

유어 티킷 앤 패스포트, 플리즈
Your ticket and passport, please.

▼ 창가쪽 좌석을 부탁합니다.

아이드 라이커 윈도우 싯, 플리즈
I'd like a window seat, please.

▼ 맡길 짐은 없습니다.

아이 해브 노 첵크 인 배기쥐
I have no check in baggage.

▼ 이것을 기내로 가져갈 수 있습니까?

캐나이 캐리 디스 인투 더 캐빈
Can I carry this into the cabin?

▼ 수하물표를 주십시오.

어 클레임 테그, 플리즈
A claim tag, please.

▼ 출발은 제 시간에 합니까?

리브 온 타임
Leave on time?

▼ 몇 번 탑승구입니까?

왓츠 더 게잇 넘버
What's the gate number?

▶ 7번 탑승구입니다.

더 게잇 넘버 이즈 세븐
The gate number is 7.

귀국

▼ 출구에는 몇 시까지 가야합니까?

바이 웬 머스트 아이 고
By when must I go?

▼ **예약을 재확인하고 싶습니다.**

리컨펌 마이 플라잇, 플리즈
Reconfirm my flight, please.

▶ **죄송합니다, 자리가 없습니다.**

아임 쏘리, 데어 이즈 노 싯
I'm sorry, there is no seat.

▼ **나는 좌석이 필요합니다.**

플리즈 컨펌 마이 싯
Please confirm my seat.

▼ **당신들의 실수입니다.**

잇츠 유어 미스테익
It's your mistake.

▼ **책임을 지십시오.**

유 해브투 테익 더 리스판서빌러티
You have to take the responsibility.

부 록

환전할 때

영어를 몰라도 이 카드를 이용하면
환전 할 수 있습니다.

▷▶ Exchange this dollars.
이 돈을 달러로 바꿔 주십시오.

+ Bill_지폐
- ☐ $ 20 20달러 _____ sheet
- ☐ $ 10 10달러 _____ sheet
- ☐ $ 5 5달러 _____ sheet
- ☐ $ 1 1달러 _____ sheet

+ Coin_동전
- ☐ 1cent 1센트 _____ sheet
- ☐ 2cent 2센트 _____ sheet
- ☐ 10cent 10센트 _____ sheet
- ☐ 25cent 25센트 _____ sheet
- ☐ 50cent 50센트 _____ sheet

Total 합계 _____

▷▶ Please give me the rest in change.
나머지는 잔돈으로 주십시오.

영어를 몰라도 이 카드를 이용하면
환전 할 수 있습니다.

▷▶ Exchange this to pound.
　　이 돈을 파운드로 바꿔주십시오.

✦ Bill_지폐
☐ £ 50 50파운드 ＿＿＿＿ sheet
☐ £ 20 20파운드 ＿＿＿＿ sheet
☐ £ 10 10파운드 ＿＿＿＿ sheet
☐ £ 5 5파운드 ＿＿＿＿ sheet
☐ £ 1 1파운드 ＿＿＿＿ sheet

✦ Coin_동전
☐ 20 penny 20페니 ＿＿＿＿ sheet
☐ 10 penny 10페니 ＿＿＿＿ sheet
☐ 5 penny 5페니 ＿＿＿＿ sheet
☐ 2 penny 2페니 ＿＿＿＿ sheet
☐ 1 penny 1페니 ＿＿＿＿ sheet

Total 합계 £ ＿＿＿＿＿＿

▷▶ Please give me the rest in change.
　　나머지는 잔돈으로 주십시오.

승차권구입

매표소에서 아래를 작성하여 보여주
십시오.

▷▶ Please tickets to _____ .
_____ 행을 주십시오.

☐ Adult ____ sheet   ☐ Child ____ sheet
　 어른 ____ 장   　 아이 ____ 장
☐ Round trip ____   ☐ One way ____
　 왕복   　 편도
☐ Date 날짜

월	일	시간
____ Mon	____ day	____ time
____ Mon	____ day	____ time
____ Mon	____ day	____ time

☐ Smoking seat 흡연석   ☐ Non-smoking seat 비흡연석
☐ First class 1등석   ☐ Second class 2등석
☐ Sleeping car 침대차

▷▶ Write down the fare, please.
　 요금을 써 주십시오.

Total 합계   _____

분실 · 도난시

▷▶ _____ 를 잃어버렸습니다.

➕ I lost my
- ☐ passport 여권
- ☐ traveler's check 여행자수표
- ☐ camera 카메라
- ☐ wallet 지갑
- ☐ credit card 신용카드
- ☐ bag 가방
- ☐ air ticket 항공권
- ☐ _____ 기타

▷▶ _____ 에서 도난당했습니다.

➕ I had it stolen
- ☐ on the bus 버스 안에서
- ☐ on the subway 지하철에서
- ☐ in the station 역에서
- ☐ wallet 지갑
- ☐ in the toilet 화장실에서
- ☐ on the street 길에서
- ☐ _____ 기타

분실 · 도난시

▷▶ _____ 에 연락해 주십시오.

✚ Please call to
☐ police station 경찰서
☐ Korean Embassy 한국대사관
☐ this number 이 번호로
☐ Tel:_____
    미리 연락할 곳을 적어놓자

▷▶ _____ 를 써 주십시오.

✚ Please write
☐ a theft report 분실증명서
☐ accident report 사고증명서
☐ _____ 기타

▷▶ _____ 를 재발행 해 주십시오.

✚ Please reissue
☐ traveler' s check 여행자수표
☐ passport 여권
☐ credit card 신용카드
☐ _____ 기타

병원에서 아래 사항에 체크해서
주십시오.

아플 때

Personal Date 신상기록

✚ I lost my
- Name 이름: _____ 영어로
- Age 연령: _____
- Sex 성별: ☐ M 남자   ☐ F 여자
- Nationality 국적: Korean 한국인
- Blood type 혈액형: _____
- Policy No. 보험증서번호: _____
- Insurance company 가입 보험회사:

  _____

Conditions of Body 몸의 상태

▷▶ _____ 가 있습니다.

✚ I have a
☐ fever 열	☐ cough 기침
☐ headache 두통	☐ stomachache 복통
☐ toothache 치통	☐ diarrhea 설사
☐ nose bleed 코피	☐ constipation 변비
☐ paralysis 마비	☐ swelling 종기
☐ allergy to _____ ~에 알레르기	

아플 때

아픈 부분을 손으로 가리키며 보여
주십시오.

▷▶ _____ 가 많이 아픕니다.

✚ ☐ My left ear 왼쪽 귀   Hurts a lot.
  ☐ My right leg 오른쪽 다리
  ☐ My arm 팔
  ☐ This part 여기
  ☐ _____ 기타

▷▶ 여기가 _____ 합니다.

✚ This part is ☐ burning 화끈거리는
           ☐ splitting 쑤시는 듯한
           ☐ stinging 찌르는 듯이 아픈
           ☐ _____ 기타

✚ I feel   ☐ dizzy 현기증이 남
           ☐ chilly 한기가 들다
           ☐ nausated 토할 것같음
           ☐ numb 나른함
           ☐ _____ 기타

아플 때

▷▶ 최근에 수술을 받은 적이 있습니다.
I had any medical treatment.
☐ Yes 네   ☐ No 아니오

▷▶ _____ 부터 몸이 좋지 않습니다.

+ Since   ☐ today 오늘
           ☐ last night 어젯밤
           ☐ 3 days ago 3일 전
           ☐ a week ago 일주일 전
           ☐ _____ 기타

▷▶ 여행을 계속 해도 좋습니까?
Continue to travel, OK?
☐ Yes 네   ☐ No 아니오

▷▶ Please issue the doctor's diagnosis and specitication of medical treatment together with the receipt for expeditious handling of claim payments to the insurance company.
보험금 청구를 위하여 진단서, 청구서, 혹은 영수증 작성을 부탁드립니다.

환전할때
승차권구입
분실도난시
아플때
처방
재외공관
도량형
치수
국제전화
국가번호
VISA
주요공항
도움되는
한영어휘

부록

처방

▷▶ _____ 다시 오십시오.

✚ Come again
- ☐ tomorrow 내일 at ____ 시간
- ☐ three days after 3일 후에
- ☐ _____

▷▶ _____ 일간 안정을 취해 주십시오.

✚ You'd better rest for
- ☐ _____day(s) 일
- ☐ _____week(s) 주

▷▶ 약을 식사 전(후)에 _____ 씩 복용하십시오.

✚ Take this medicine
- ☐ after meal 식후
- ☐ before meal 식전
- ☐ once a day 하루에 1번
- ☐ ___ a day 하루에 ~번

재외공관

국 명	전화번호
그리스	30-210 698-4080/2
남아프리카공화국	27-12 460-2508
네덜란드	31-70 358-6076
노르웨이	47 2254-7090
뉴질랜드	64-4 473-9073/4
덴마크	45 3946-0400
독일	49-30 26065-0
러시아	7-495 783-2727
루마니아	40-21 230-7198
말레이시아	60-3 4251-2336,5797,4891,4904
멕시코	52-55 5202-9866,7160
미국	1-202 939-5600/3
베네쥬엘라	58-212 954-1270,1139,1006
베트남	84-4 831-5110/6
브라질	55-61 3321-2500
사우디아라비아	966-1 488-2211
스웨덴	46-8 5458-9400
스위스	41-31 356-2444
스페인	34-91 353-2000
싱가폴	65 6256-1188
아르헨티나	54-11 4802-8062,8865,9665,0923
아일랜드	353-1 660-8800, 8053
영국	44-20 7227-5500/2

재외공관

국 명	전화번호
오스트리아	43-1 478-1991
우크라이나	38-044 246-3759~61
이스라엘	972-3 696-3244/7
이집트	20-2 761-1234/7
이탈리아	39-06 802461/802462
인도	91-11 2688-5374/6
인도네시아	62-21 520-1915
일본	81-3 3452-7611/9
중국	86-10 6532-0290
캐나다	1-613 244-5010
태국	66-2 247-7537/39
터키	90-312 468-4822
포르투갈	351-21 793-7200/3
폴란드	48-22 559-2900
프랑스	33-1 4753-0101
핀란드	358-9 251-5000
필리핀	63-2 811-6139/44
헝가리	36-1 351-1179/81
호주	61-2 6270-4100
홍콩	852 2529-4141

도량형

길이

단 위	cm	m	inch	feet	yard	mile
1센티	1	0.01	0.3937	0.0328	0.0109	...
1미터	100	1	39.37	3.2808	1.0936	0.0006
1인치	2.54	0.0254	1	0.0833	0.0278	...
1피트	30.48	0.3048	12	1	0.3333	1.0058
1야드	91.438	0.9144	36	3	1	0.0006
1마일	160930	1609.3	63360	5280	1760	1

무게

단 위	g	kg	t	oz	pound
1그램	1	0.001	0.000001	0.03527	0.0022
1킬로	1000	1	0.001	35.273	2.20459
1톤	1000000	1000	1	35273	2204.59
1온스	28.3495	0.02835	0.000028	1	0.0625
1파운드	453.593	0.45359	0.00045	16	1

부피

단 위	ℓ	gallon
리터	1	0.26
갤론	3.78	1

치수

여자 기성복 상의 가슴둘레 기준

한국	80	85	90	95	100	105	110
유럽	36	38	40	42	44	46	48
영국	30	32	34	36	38	40	42
미국	8	10	12	14	16	18	20

남자 와이셔츠

한국	36	37	38	39	40	41	42
유럽	36	37	38	39	40	41	42
미국	14	14.5	15	15.5	16	16.5	17

여자 스타킹

한국	S	M	L	X	XL
유럽	1	2	3	4	5
미국	8.5	9	9.5	10	10.5

여자 신발

한국	230	235	240	245	250	255	260
유럽	35.5	36	36.5	37	37.5	38	38.5
미국	6	6.5	7	7.5	8	8.5	9

남자 신발

한국	245	250	255	260	265	270	275
유럽	37	38	39	40	41	42	43
미국	6.5	7	7.5	8	8.5	9	9.5

여행 중에 사고를 당해서 병원에서 진료를 받는 경우, 해외여행 상해 보험에 가입되어 있다면 병원에서 치료비의 영수증을 반드시 받아두고 현지 보험회사의 지점에 연락하도록 한다.

 자주 쓰이는 표현_2

■ 경찰서입니다. 무엇을 도와드릴까요?

폴리스 스테이션. 메이 아이 헬퓨

Police station. May I help you?

┈➔ 교통사고를 신고하려고 합니다.

아이드 라잌 투 리포트 어 트래픽 액시던트

I'd like to report a traffic accident.

바꿔 말하기

• 자동차사고	car accident	카 액시던트
• 철도사고	railroad accident	레일로드 액시던트
• 비행기사고	plane accident	플레인 액시던트
• 추락사고	crash accident	크래쉬 액시던트

긴급
사태

질병
사고

분실
도난

활용
어휘

▼ 약간 어지럽습니다.

아이 필 어 리틀 디지
I feel a little dizzy.

▼ 목이 아픕니다.

아이 해버 어 쏘 쓰로웃
I have a sore throat.

▼ 발목을 삐었습니다.

아이 스프레인드 마이 앵클
I sprained my ankle.

▼ 다리가 부러졌습니다.

아이브 브로컨 마이 레그
I've broken my leg.

▼ 구급차를 불러 주십시오.

콜 언 앰블런스, 플리즈
Call an amblance, please.

국제전화 국가번호

해외에서 전화할 때 국내의 지역번호 앞의 0은 사용하지 않는다.

한국 82	서울 02	부산 051	인천 032	대구 053	대전 042
	광주 062	울산 052	경기 031	강원 033	충북 043
	충남 041	경북 054	경남 055	전북 063	전남 061
	제주 064				

국 명	국가번호	국 명	국가번호
아르헨티나	54	룩셈부르크	352
호주	61	말레이지아	60
오스트리아	43	멕시코	52
벨기에	32	네덜란드	31
볼리비아	591	뉴질랜드	64
브라질	55	노르웨이	47
불가리아	359	파키스탄	92
캐나다	1	필리핀	63
칠레	56	폴란드	48
중국	86	포르투갈	351
타이완	886	러시아	7
콜롬비아	57	사우디아라비아	966
쿠바	53	싱가폴	65
체코	420	남아공화국	27
덴마크	45	스페인	34
이집트	20	스웨덴	46
핀란드	358	스위스	41
프랑스	33	태국	66
독일	49	터키	90
그리스	30	영국	44
괌	1	우루과이	598
하와이	1+808	미국본토	1
홍콩	852	베네쥬엘라	58
헝가리	36	베트남	84
아이슬랜드	354	인도네시아	62
이탈리아	39	인도	91
일본	81	유고슬라비아	381

VISA

VISA가 필요한 주요 국가

· 미국	· 일본	· 중국	· 러시아
· 대만	· 인도	· 호주	· 아르헨티나
· 브라질	· 베네주엘라	· 우루과이	· 파라과이
· 베트남	· 사우디아라비아	· 이란	· 스리랑카
· 세네갈	· 이집트	· 리비아	· 나이지리아

VISA 면제협정 체결 국가

+ 3개월(90일)_

· 그리스	· 네덜란드	· 노르웨이	· 뉴질랜드	· 독일
· 룩셈부르크	· 말레이시아	· 멕시코	· 모로코	· 방글라데시
· 벨기에	· 불가리아	· 스웨덴	· 스위스	· 스페인
· 슬로바키아	· 싱가폴	· 오스트리아	· 태국	· 터키
· 파키스탄	· 페루	· 폴란드	· 프랑스	· 핀란드
· 헝가리				

+ 30일_

· 사이판   · 튀니지   · 남아프리카 공화국

+ 60일_

· 이탈리아   · 포르투갈   · 인도네시아

+ 6개월_

· 영국   · 캐나다

+ 기타_

· 괌, 홍콩(14일)   · 필리핀(21일)

주요공항

공항약자	도시 나라	공항약자	도시 나라
KUL	KualaLumpur _Malaysia	ICN	Incheon _Korea
KWI	Kuwait _Kuwait	GMP	Gimpo _Korea
LAX	Los Angeles __U.S.A.	SFO	Francisco __U.S.A.
LHR	London _U.K.	SGN	Hochiminh _VietNam
MAD	Madrid _Spain	SHA	Shanhai _China
MEX	Mexico city _Mexico	SIA	Xian _China
MIA	Miami __U.S.A.	SIN	Singapore _Singapore
MNL	Manila _Philippines	SPN	Saipan
MOW	Moscow _Russia	SYD	Sydney _Australia
NRT	Tokyo/Narita _Japan	THR	Tehran _Iran
HND	Haneda _Japan	TIP	Tripoli _Libya
NYC	New York __U.S.A.	TPE	Taipei _Taiwan
ORD	Chicago_ U.S.A.	PEK	Beijing _China
ORY	Paris _France	TSN	Tianjin _China
OSA	Osaka _Japan	TXL	Berlin _Garmany
PAR	Paris _France	ULN	Ulan Bayor _Mongolian
PDX	Portland _U.S.A.	UUS	Yuzhno-Sakhalinsk _Russia
PUS	Pusan _Korea	VIE	Vienna _Austria
RPM	Rome _Italy	YYZ	Toronto _Canada
RUH	Riladh _Saudi Arabia	YVR	Vancouver _Canada
SEA	Seattle _U.S.A.	ZRH	Zurich _Switzerland

환전할때
승차권구입
분실도난시
아플때
처방
재외공관
도량형
치수
국제전화
국가번호
VISA
주요공항
도움되는
한영어휘

부록

도움되는 한영어휘

▼ 알르레기 체질입니다.

아이 텐드 투 비 앨러직
I tend to be allergic.

▶ 이 약을 하루에 두 번, 식후에 드십시오.

테익 디스 필 애프터 이치 밀 트와이스 어 데이
Take this pill after each meal twice a day.

▼ 경찰을 불러 주세요.

콜 더 폴리스, 플리즈
Call the police, please.

▼ 자동차 사고를 당했습니다.

위브 해드 어 카 액시던트
We've had a car accident.

▼ 자동차에 치었습니다.

아이 워즈 스트럭 어게인스트 바이 어 카
I was struck against by a car.

긴급
사태

질병
사고

분실
도난

활용
어휘

긴급사태

외국 여행자를 노린 소매치기들이 많으므로 주의해야
한다.

 ⟩ 자주 쓰이는 표현_1 ⟨

■ 무슨 일이십니까?

캐나이 헬퓨

Can I help you?

- -

···▶ 지갑을 잃어 버렸습니다.

아이 로스트 마이 월릿

I lost my wallet.

바꿔 말하기

· 여권	passport	패스포트
· 여행자수표	traveler's check	트레블러즈 첵
· 손목시계	watch	왓치
· 가방	bag	백

만약의 경우를 대비해 여권 재발행시에 필요한 2장의 증명사진과
여권 복사본을 따로 보관 해 두도록 한다.

 자주 쓰이는 표현_2

■ 어디에서 분실했습니까?

웨어 디쥬 루즈 잇

Where did you lose it?

···▶ 기차 안에서요.

인 더 트레인

In the train.

바꿔 말하기

• 버스	bus	버스
• 지하철	subway	서브웨이
• 택시	taxi	택시
• 역	station	스테이션

**긴급
사태**

질병
사고
분실
도난
활용
어휘

▼ 기차 안에 가방을 두고 내렸습니다.

아이 레프트 마이 백 인 더 트레인
I left my bag in the train.

▼ 소매치기 당했습니다.

아이 해드 잇 스톨른
I had it stolen.

▶ 그 가방 안에 무엇이 들어 있습니까?

왓츠 인 댓 백
What's in that bag?

- -

▼ 여권과 지갑이 들어 있습니다.

마이 패스포트 앤 월릿
My passport and wallet.

▼ 분실증명서를 발행해 주십시오.

데프트 리포트, 플리즈
Theft report, please.

▶ 언제 분실했습니까?

웬 디쥬 루즈 잇
When did you lose it?

▼ 오늘 아침 지하철역에서요.

온 더 서브웨이, 디스 모닝
On the subway, this morning.

▼ 한국 대사관에 연락해 주십시오.

플리즈 콜 투 더 커리언 엠버시
Please Call to the Korean Embassy.

▼ 여권을 재발행해 주십시오.

리이슈 마이 패스포트, 플리즈
Reissue my passport, please.

▼ 가능한 빨리 재발행 해주십시오.

플리즈 리이슈 잇 애즈 순 애즈 파서블
Please reissue it as soon as possible.

전화 표현

• 전화	telephone 텔러폰
• 공중전화	payphone 페이폰
• 전화박스	phone booth 폰 부쓰
• 구내전화	extention 익스텐션
• 수신자 부담전화	collect call 컬렉트 콜
• 번호통화	station call 스테이션 콜
• 지명통화	personal call 퍼스널 콜
• 긴급전화	emergency call 이머전시 콜
• 시내통화	local call 로컬 콜
• 장거리 통화	long distance call 롱 디스턴스 콜
• 국제 전화	international call 인터내셔널 콜
• 국가번호	country code 컨츄리 코드
• 교환원	operator 아퍼레이터
• 전화번호부	telephone diary 텔레폰 다이어리

전화/긴급사태

질병

• 보험증서번호	policy No. 팔러시 넘버
• 질병	sickness 식크니스
• 복통	stomachache 스터머케익
• 두통	headache 헤데익
• 치통	toothache 투쓰에익
• 편두통	migraine 미그레인
• 시차병	jet lag 젯 래그
• 감기	cold 콜드
• 기침	cough 커프
• 소화불량	indigestion 인다이제스쳔
• 설사	diarrhea 다이리어
• 식중독	food poisoning 푸드 포이즈닝
• 식욕이 없음	no appetite 노 에피타이트
• 오한	chill 칠
• 변비	constipation 칸스터페이션
• 관절염	arthritis 아쓰라이티스

긴급
사태

질병
사고
분실
도난
활용
어휘

도움이 되는 **활용 어휘**

• 병원	hospital 하스피틀
• 의사	doctor 닥터
• 간호사	nurse 너스
• 치료, 약, 약물	medicine 메디신
• 알약	pill 필
• 정제	tablet 태블릿
• 캡슐	capsule 캡슐
• 가루약	powder 파우더
• 복용량(1회)	dose 도우스

사고

• 사고	accident 액시던트
• 사망자	the killed 더 킬드
• 부상자	the injured 디 인저드
• 긴급전화	emergency call 이머전시 콜
• 구급차	amblance 앰블런스
• 응급처치	first aids 퍼스트 에이즈
• 구급상자	first aids box 퍼스트 에이즈 박스

전화/긴급사태

- 구조   rescue 레스큐
- 구조신호   S.O.S 에스 오 에스
- 신고   report 리포트
- 붕대   bandage 밴디지
- 삼각건   sling 슬링
- 부목   splint 스플린트

분실/도난

- 경찰서   police station 폴리스 스테이션
- 경찰관   policeman 폴리스맨
- 순찰차   patrol car 패트롤 카
- 도둑   thief 디프
- 강도   robber 라버
- 소매치기   pickpocket 픽파킷
- 분실물취급소   lost & found 로스트 앤 파운드
- 분실물신고서   theft report 데프트 리포트
- 재발급하다   reissue 리이슈

귀국
IMMIGRATION

귀국할 때는 빠뜨린 짐이 없는가를 잘 확인하고 늦지 않게 공항에 도착하도록
하자. 특히 여권과 항공권을 다시 한 번 확인하자.

출국 수속

국내에서 처음 출발 때와 마찬가지로 비행기 출발 2시간
전에 해당 공항에 도착한다. 부칠 짐은 체크인 카운터에
맡기고 수하물표를 받는다. 탑승 수속이 끝나면 탑승권에
적힌 탑승 시간과 게이트를 확인한 후, 출발 20~30분 전
에는 게이트 앞에 도착해서 탑승을 기다린다.

입국 수속

여행자검역	입국시 모든 사람들은 검역대의 적외선 열 감지 카메라를 통과한다.
입국심사	여권을 제시한다. 입국 도장을 받고돌려 받은 후, 입국 심사대를 통과한다. 사전에 등록하여 자동입국심사대를 통해 빠르고 편리하게 통과할 수도 있다.
짐 찾기	입국심사를 마친 후, 수하물 수취대에서 수하물을 찾는다. 입국시에도 Duty free 면세점을 이용할 수 있다.

견본	sample ^{샘플}	공원	park ^{파크}

견본 　샘플 sample
경기 　게임 game
경기장 　스테디엄 stadium
경주 　레이스 race
경찰관 　폴리스맨 policeman
경찰서 　폴리스 스테이션 police station
계란 　에그 egg
계산서 　첵/빌 check/bill
고기 　미트 meat
고속도로 　익스프레스 웨이 express way
고속버스 　익스프레스 버스 express bus
고장 　아우 더브 오더 out of order
골동품점 　엔티끄 샵 antique shop
골절 　브로컨 본 broken bone
골프 　골프 golf
공사 　언더 컨스트럭션 under construction
공연 　퍼포먼스 performance

공원 　파크 park
공중전화 　페이폰 payphone
공항 　에어포트 airport
과일 　프루츠 fruits
관객 　오디언스 audience
관광 　사잇시잉 sightseeing
관광버스 　사잇시잉 버스 sightseeing bus
관광안내소 　투어리스트 인포메이션 tourist information
관광호텔 　리조트 호텔 resort hotel
관람석 　오디터리엄 auditorium
관절염 　아쓰라이티스 arthritis
광장 　스퀘어 square
교외 　서법즈 suburbs
교차로 　인터섹션 intersection
교통규칙 　트래픽 레귤레이션 traffic regulation
교통순경 　트래픽 캅 traffic cop

환전할때
승차권구입
분실도난시
아플때
처방
재외공관
도량형
치수
국제전화
국가번호
VISA
주요공항
도움되는
한영어휘

부록

한국어	영어

교통신호 traffic signals
트래픽 시그널즈

교환원 operator
아퍼레이터

구급차 amblance
앰블런스

구내전화 extension
익스텐션

구명동의 life jacket
라이프 재킷

구명보트 life boat
라이프 보오트

구운 grilled
그릴드

구조 rescue
레스큐

국가 country
컨츄리

국가번호 country code
컨츄리 코드

국립은행 national bank
내셔널 뱅크

국적 nationality
네셔낼러티

국제운전면허증
international driving license
인터내셔날 드라이빙 라이슨스

국제전화 international call
인터내셔널 콜

굴 oyster
오이스터

궁전 palace
팰리스

귀 ear
이어

귀걸이 earring
이어링

귀중품 valuables
밸류어블즈

귀중품보관소 safety box
세이프티 박스

규칙 rule
룰

근육 muscle
머슬

금 gold
골드

금연 non-smoking
난 스모킹

급사 waiter
웨이터

급행열차 express train
익스프레스 트레인

기념비 monument
마뉴먼트

기념품점 souvenir shop
슈비니어 샵

기본요금 minimum fare
미니멈 페어

기사 운전사 driver
드라이버

기장 captain
캡틴

기차 train
트레인

기차역	스테이션 station	낮공연	마티니 matinee
기침	커프 cough	낯선사람	스트랜져 stranger
기혼	매리드 married	내국인	시티즌 citizen
긴급전화	이머전시 콜 emergency call	내리다	게 도프 get off
긴의자	벤치 bench	내선 전화	익스텐션 extension
김	시위드 seaweed	내의	언더웨어 underwear
꼭끼는	타잇 tight	냅킨	냅킨 napkin

ㄴ

나이	에이지 age	냉난방	에어컨디셔닝 air-conditioning
나이프	나이프 knife	냉장고	리프리져레이터 refrigerator
나팔	트럼펫 trumpet	넥타이 핀	타이 핀 tie pin
낚시	피싱 fishing	노란신호	옐로우 시그널 yellow signal
난방	히팅 heating	노란색	옐로우 yellow
남승무원	스튜어드 steward	농구	배스킷볼 basketball
남쪽	사우쓰 south	눈目	아이 eye
		눈雪	스노우 snow
		느슨한	루스 loose

부록

ㄷ

다리脚
레그
leg

다리橋
브리지
bridge

다이아몬드
다이아몬드
diamond

단추
버튼
button

달
먼쓰
month

달콤한
스윗
sweet

닭고기
치킨
chicken

담배
시가렛츠
cigarettes

담요
블랭킷
blanket

당근
캐롯
carrot

당기다
풀
pull

대답
앤서
answer

대사관
엠버시
embassy

대합실
웨이팅 룸
waiting room

도둑
디프
thief

도로지도
로드 맵
road map

도로 표지판
로드 사인
road sign

도박
갬블링
gambling

도중하차
스탑 오버
stop-over

도착
어라이벌
arrival

독서등
리딩 라잇
reading light

독주회
리사이틀
recital

돈화폐
머니
money

동굴
케이브
cave

동물
애니멀
animal

동물원
주우
zoo

동상銅像
스테이큐
statue

동전
코인
coin

동쪽
이스트
east

돼지고기
포크
pork

두꺼운
틱
thick

두통	헤데익 headache
들르다	드랍 인 drop in
등後	백 back
등기우편	리지스터드 메일 registered mail
등대	라잇하우스 lighthouse
등산	클라이밍 마운틴 climbing mountain
등심	서로인 sirloin
디스코텍	디스코텍 discotheque
디저트	디저트 dessert
딱딱한	하드 hard
딸기	스트로베리 strawberry
떡	라이스 케익 rice cake

ㄹ

럭비	럭비 rugby
레모네이드	레모네이드 lemonade
렌트카회사	렌트 카 컴퍼니 rent car company

로비	라비 lobby
로션	로션 lotion
루비	루비 ruby
립스틱	립스틱 lipstick

ㅁ

마약	드럭 drug
마티니	마티니 martini
만년필	파운틴 펜 fountain pen
만화영화	애니메이티드 카툰 animated cartoon
맛	플레이버/테이스트 flavor/taste
맛사지	맷사지 massage
매독	시필즈 syphilis
매운	핫 hot
매표소	티킷 오피스 ticket office
맥박	펄스 pulse

한국어	영어
맥주	beer 비어
머리	head 헤드
머리카락	hair 헤어
머플러	muffler 머플러
멀미주머니	airsickness bag 에어시크니스 백
메뉴	menu 메뉴
멜론	melon 멜런
면	cotton 코튼
면도	shave 쉐이브
면점	tax-free shop 택스프리 샵
모자	hat 햇
모조품	imitations 이미테이션즈
모직	wool 울
모텔	motel 모우텔
모퉁이	corner 코너
모피점	furrier 퍼어리

한국어	영어
목	neck 넥
목걸이	neckless 넥크리스
목구멍	throat 쓰로트
목욕수건	bath towel 배스 타월
목적지	destination 데스티네이션
몸	body 바디
묘지	cemetery 세미터리
무늬없는	plain 플레인
무대	stage 스테이지
무용	dance 댄스
문	door 도어
문방구점	stationery shop 스테이셔너리 샵
물	water 워터
물수건	wet towel 웻 타월
뮤지컬	musical 뮤지컬
미술관	gallery 갤러리
미술품	art works 아트 웍스

한국어	영어
미용사	^{헤어 드레서} **hair dresser**
미용실	^{뷰티 샵} **beauty shop**
미혼	^{싱글} **single**
민박	^{프라이빗 랜털 룸} **private rental room**
민속무용	^{포크 댄스} **folk dance**
민요	^{포크 송} **folk song**
밀다	^{푸쉬} **push**

바술집	^바 **bar**
바겐세일	^{바아긴 세일} **bargain sale**
바꾸다	^{체인지} **change**
바나나	^{버내너} **banana**
바다	^시 **sea**
바람부는	^{윈디} **windy**
바지	^{트라우저즈} **trousers**
박람회	^{페어} **fair**

박물관	^{뮤지엄} **museum**
반대편	^{아퍼짓 사이드} **opposite side**
반입금지품	^{프라히비티드 아티클} **prohibited article**
반지	^링 **ring**
반창고	^{어드헤시브 테일} **adhesive tape**
발	^풋 **foot**
발급기관	^{이슈잉 오쏘리티} **issuing authority**
발목	^{앵클} **ankle**
밝은	^{브라잇} **bright**
밤夜	^{나잇} **night**
방문	^{비짓} **visit**
방문자 손님	^{비지터} **visitor**
배船	^쉽 **ship**
배구	^{발리볼} **volleyball**
배우	^{액터} **actor**
백포도주	^{화이트 와인} **white wine**
백화점	^{디파트먼 스토어} **department store**

부록

한국어	영어
버스	버스 bus
버스정류장	버스 스탑 bus stop
버스표	버스 티킷 bus ticket
번호 통화	스테이션 콜 station call
벌금	파인 fine
법	로우 law
베개	필로우 pillow
베이지 색	베이지 beige
변비	칸스터페이션 constipation
별	스타 star
별도요금	엑스트라 차이즈 extra charge
병瓶	바틀 bottle
병病	디지즈 disease
병따개	바틀 오프너 bottle opener
병원	하스피틀 hospital
보내다	센드 send
보석寶石	쥬얼 jewel
보석점	쥬얼리 샵 jewelry shop
보조열쇠	엑스트라 키 extra key
보증금	디파짓 deposit
보통열차	로컬 트레인 local train
보트	보트 boat
보험	인슈어런스 insurance
복숭아	피치 peach
복통	스터머케익 stomachache
볼연지	칙 루즈 cheek rouge
봉투	엔벨로프 envelope
부드러운	소프트 soft
부상자	디 인저드 the injured
부채	팬 fan
부츠	부츠 boots
북쪽	노오쓰 north
분粉	페이스 파우더 face powder

분分	미닛 minute	빨간색	레드 red
분수	파운틴 fountain	빨대	스트로 straw
분실물 신고서	데프트 리포트 theft report	빵집	베이커리 bakery
분실물 취급소	로스트 앤 파운드 lost & found	뺨	칙 cheek
붕대	밴디지 bandage	뼈	본 bone
브랜디	브랜디 brandy		
브로치	브로치 broach		

ㅅ

블라우스	블라우스 blouse		
비누	솝 soap	사고	액시던트 accident
비상구	이머전시 엑시트 Emergency exit	사냥	헌팅 hunting
비상사태	이머전시 emergency	사막	데저트 desert
비싼	익스펜시브 expensive	사망자	더 킬드 the killed
비어있음	베이컨트 vacant	사용설명서	인스트럭션 쉬트 instruction sheet
비자	비자 visa	사용중	아큐파이드 occupied
비행기	에어플레인 airplane	사원寺院	템플 temple
비행기편명	플라잇 넘버 flight unmber	사이즈	사이즈 size
빈 좌석	엠티 싯 empty seat	사진	픽처 picture
		사진기	캐머러 camera

한국어	영어	한국어	영어
사파이어	사파이어 sapphire	서류	페이퍼 paper
산	마운틴 mountain	서류가방	브리프 케이스 briefcase
산소마스크	옥시전 매스크 oxygen mask	서비스요금	서비스 차아지 service charge
상가	샤핑 스트릿 shopping street	서양식당	웨스턴 레스토런 Western restaurant
상아색	아이보리 ivory	서점	북스토어 bookstore
상처	운드 wound	서쪽	웨스트 west
새우	쉬림프 shrimp	서행	슬로우 slow
색깔	컬러 color	선물	기프트/프레젠트 gift/present
샌드위치	샌드위치 sandwich	선반	오버헤드 쉘프 overhead self
생선	피쉬 fish	선원	크루 crew
생선가게	피쉬 샵 fish shop	선장	캡틴 captain
생일	버쓰데이 birthday	선풍기	일렉트릭 팬 electric fan
샤워	샤우어 shower	설사	다이어리아 diarrhea
샴페인	샴페인 champagne	설탕	슈가 sugar
샴푸	샘푸 shampoo	섬	아일런드 island
서늘한	쿨 cool	성城	캐슬 castle
		성姓	패밀리 네임 family name

한국어	영어
성인	어덜트 **adult**
세관	커스텀 **custom**
세금	택스 **tax**
세면장	래뷔터리 **lavatory**
세수수건	워쉬 타월 **wash towel**
세탁물	론드리 **laundry**
셀프서비스	셀프 서비스 **self service**
셔츠	셔트 **shirt**
소금	솔트 **salt**
소다수	소다 워터 **soda water**
소매치기	픽파킷 **pickpocket**
소스	소스 **sauce**
소포	파아슬 포스트 **parcel post**
소화불량	인다이제스천 **indigestion**
속달	익스프레스 딜리버리 **express delivery**
손	핸드 **hand**
손가락	핑거 **finger**
손님	게스트 **guest**
손목	리스트 **wrist**
손목시계	왓치 **watch**
손바닥	팜 **palm**
손수건	핸커치프 **handkerchief**
손톱	네일 **nail**
쇠가죽	카우하이드 **cowhide**
쇠고기	비프 **beef**
쇼	쇼우 **show**
쇼핑센터 몰	샤핑 센터 몰 **shopping center mall**
수건	타월 **towel**
수리공장	리페어 샵 **repair shop**
수수한	심플 **simple**
수신자부담전화	컬렉트 콜 **collect call**
수영	스위밍 **swimming**
수영장	스위밍 풀 **swimming pool**

부록

한국어	영어
수표	체크 check
수화기	리시버 receiver
수하물	배기쥐/러기지 baggage/luggage
수하물표	클레임 택 claim tag
숙박하다	스테이 stay
숙박비	호우텔 차지 hotel charge
숙박 신고서	리지스트레이션 카드 registration card
순찰차	패트롤 카 patrol car
술	드링크 drink
술가게	리쿼 샵 liquor shop
슈퍼마켓	슈퍼마킷 supermarket
스낵 바	스낵 바 snack bar
스윗룸	스윗 룸 suite room
스카프	스카프 scarf
스케이트	스케이트 skate
스케쥴	스케쥴 schedule
스쿼시	스쿼시 squash
스키	스키 ski
스타킹	스타킹스 stockings
스테이크	스테익 steak
스트립쇼	스트립 쇼 strip show
스파게티	스파게티 spaghetti
슬롯 머쉰	슬랏 머쉰 slot machine
승객	패신저 passenger
승마	라이딩 호오시즈 riding horses
승무원	크류 crew
시간	아우어 hour
시내관광	시티 투어 city tour
시내버스	시티 버스 city bus
시내 중심가	다운타운 downtown
시내통화	로컬 콜 local call
시민	시티즌 citizen

시외전화	롱 디스턴스 콜 long distance call
시장市場	마켓 market
시차병	젯 래그 jet lag
시청市廳	시티 홀 city hall
시큼한	사우어 sour
식당	레스토런트 restaurant
식당차	다이닝 카 dining car
식물	플랜트 plant
식물원	보태니컬 가아든 botanical garden
식사	미일 meal
식중독	푸드 포이즈닝 food poisoning
신고	리포트 report
신문新聞	뉴스페이퍼 newspaper
신발가게	슈 스토어 shoe store
신사복	슈트 suit
신용카드	크레딧 카드 credit card
신호등	트래픽 라잇 traffic light

실크	실크 silk
심장	하트 heart
싱글룸	싱글 룸 single room
싼	칩 cheap
쓴	비터 bitter

아동복	칠드런즈 클로씽 children's clothing
아이새도우	아이쉐도우 eyeshadow
아이스박스	아이스박스 icebox
아이스 크림	아이스 크림 ice cream
아침식사	브렉퍼스트 breakfast
악셀러레이터	액설러레이터 accelerator
악어가죽	앨리게이터 alligator
안개	포그 fog
안내	인포메이션 information
안내서	가이드북 guidebook

한국어	영어
안전벨트	싯 벨트 seat belt
알약	필 pill
앞	프론트 front
애플파이	애플 파이 apple pie
액서서리	액서서리 accessory
야간관광	나잇 투어 night tour
야간열차	나잇 트레인 night train
야구	베이스볼 baseball
야외극장	드라이브 인 씨어터 drive-in theater
야채	베지터블 vegetable
약	메디신 medicine
약국	드럭 스토어 drug store
얇은	씬 thin
양가죽	벅스킨 buckskin
양고기	머튼 mutton
양념	칸디먼츠 condiments

한국어	영어
양말	삭스 socks
양복점	테일러 tailer
양장점	드레스메이커 dressmaker
양탄자	카핏 carpet
양파	어니언 onion
어깨	쇼울더 shoulder
어두운	다크 dark
어른	어덜트 adult
어린이	칠드런 children
어포	드라이드 시푸드 dried seafood
얼굴	페이스 face
얼다	프리즈 freeze
얼음	아이스 ice
에메럴드	에머럴드 emerald
엘리베이터	엘리베이터 elevator
여객선	패신저 쉽 passenger ship
여관	인 inn

여권	패스포트 passport	영화	무비/필름 movie/film
여급	웨이츄리스 waitress	영화관	씨어터 theater
여승무원	스튜어디스 stewardess	예매권	어드벤스 티켓 advance ticket
여행	투어 tour	예약	
여행사	트레블 에이전시 travel agency		레저베이션/부킹 reservation/booking
여행 안내서	투어 가이드 tour guide	오렌지	오린지 orange
여행용 가방	슈트케이스 suitcase	오른쪽	라잇 right
여행자수표	트레블러즈 첵 traveler's check	오이	큐컴버 cucumber
역	스테이션 station	오페라	아퍼러 opera
연극	플레이 play	오한	칠 chill
연락선	페리 ferry	옥수수	콘 corn
연락처	컨택 어드레스 contact address	완구점	토이스토어 toystore
연어	새먼 salmon	왕복	라운드 트립 round-trip
연회장	뱅큇 룸 banquet room	외과병원	서저리 surgery
열	피버 fever	외국인	
엽서	포스트 카드 post card		포리너/난 유에스에이 foreigner / Non-U.S.A.
영수증	리싯 receipt	외상	익스터널 인저리 external injury

부록

한국어	영어
외투	오버코트 overcoat
왼쪽	레프트 left
요금	페어 fare
요리	디쉬 dish
욕실	배쓰룸 bathroom
우유	밀크 milk
우체국	포스트 오피스 post office
우표	스탬프 stamp
우회전하다	턴 라잇 turn right
운동	스포츠 sports
운동장	플레이그라운드 playground
운전기사	드라이버 driver
운전면허증	드라이빙 라이센스 driving license
웨이터	웨이터 waiter
위스키	위스키 whisky
위험	데인저 danger

한국어	영어
윈드서핑	윈드서핑 windsurfing
유람선	사이시싱 보트 sightseeing boat
유료 도로	톨 로드 toll road
유스 호스텔	유스 호스텔 youth hostel
은	실버 silver
은행	뱅크 bank
은행원	클럭 clerk
음료수	비버리지즈 beverages
음식	푸드 food
응급처치	퍼스트 에이즈 first aids
의료실	클리닉 clinic
의무실	인퍼머리 infirmary
의사	닥터 doctor
이기다	윈 win
이륙	테익 오프 take off
이름	네임 name
이발소	바버즈 샵 barber's shop

이층버스	더블 덱커	double-decker
이태리식당	이태리언 레스토런	talian restaurant
인도	사이드 워크	side walk
일기예보	웨더 포어캐스트	weather forecast
일본식당	저패니즈 레스토런	Japanese restaurant
임대료	렌털 차아지	rental charge
입	마우쓰	mouth
입구	엔트런스	entrance
입국관리	이미그레이션	immigration
입국카드	디스임바케이션 카드	disembarkation card
입장권	어드미션 티킷	admission ticket
입장료	어드미션 피이	admission fee

ㅈ

자동차	카	car
자유석	프리 시팅	free seating
자전거	바이시클	bicycle
작은	스몰	small
잠옷	나잇 가운	nightgown
잡지	매거진	magazine
장거리버스	롱 디스턴스 버스	long distance bus
장거리통화	롱 디스턴스 콜	long distance call
장난감가게	토이스토어	toystore
재떨이	애쉬트레이	astray
재발급	리이슈	reissue
재킷	재킷	jacket
재확인	리컨펌	reconfirm
저녁식사	서퍼/디너	supper/dinner
적당한	리저너블	resonable

부록

적포도주	레드 와인 red wine
전등	라잇/램프 light/lamp
전망	랜드스케입 landscape
전시장	엑시비션 exhibition
전화	텔러폰 telephone
전화박스	폰 부쓰 phone booth
전화번호부	텔레폰 다이어리 telephone diary
점심식사	런치 lunch
점원	세일즈 맨 / 걸즈 sales men / girls
접수처	프론 데스크 front desk
정가표	프라이스 리스트 price list
정류장	버스 스탑 bus stop
정어리	사아딘 sardine
정육점	부처 butcher
정제	태블릿 tablet
정지신호	스탑 사인 stop sign

제복	유니폼 uniform
조끼	베스트 vest
조명버튼	라잇 버튼 light button
좌석	싯 seat
좌석요금	커버 차아지 cover charge
좌회전하다	턴 레프트 turn left
주週	위크 week
주류	리쿼 liquor
주문	오더 order
주유소	개스 스테이션 gas station
줄무늬	스트라이프 stripe
중국식당	차이니즈 레스토런 Chinese restaurant
중량초과	오버웨이 overweigh
쥬스	쥬스 juice
지갑	월릿 wallet
지다	루즈 lose

지도	맵 **map**
지리	지아그러피 **geography**
지명통화	퍼스널 콜 **personal call**
지배인	매니저 **manager**
지정좌석	리저브드 씻 **reserved seat**
지폐	노트/빌 **note/bill**
지하철	서브웨이 **subway**
직업	프로패션 **profession**
직진하다	고 스트레잇 **go straight**
직행버스	난 스탑 버스 **nonstop bus**
진주	펄 **pearl**
진통제	페인 킬러 **pain-killer**
질병	식크니스 **sickness**
짐꾼	포터 **porter**
찐	스팀드 **steamed**

ㅊ

차도	로드 웨이 **road way**
차장	컨덕터 **conductor**
착륙	랜딩 **landing**
참치	튜나 **tuna**
처방전	프리스크립션 **prescription**
청량음료	소프트 드링크 **soft drink**
체온	템퍼러처 **temperature**
체크인	체크 인 **check in**
초秒	세컨드 **second**
초대	인비테이션 **invitation**
초록색	그린 **green**
총	건 **gun**
쵸컬릿	쵸컬릿 **chocolate**
추가요금	엑스트라 차아지 **extra charge**
축구	사커 **soccer**
축제	페스티벌 **festival**

한국어	영어		
		카지노	커지노 casino
출구	엑시트/웨이 아웃 exit/way out	카페테리아	카페테리어 Cafeteria
출납원	캐셔 cashier	칵테일	칵테일 cocktail
출발	디파처 departure	캠핑	캠핑 camping
출발하다	리브/디파트 leave/depart	캡슐	캡슐 capsule
취소	캔슬 cancel	커프단추	커프 링크스 cuff links
치과의사	덴티스트 dentist	커피숍	커피 샵 coffee shop
치료	큐어 cure	케이블카	케이블 카 cable car
치마	스커트 skirt	코	노우즈 nose
치약	투쓰페이스트 toothpaste	코끼리	엘러펀트 elephant
치킨	프라이드 치킨 fried chicken	코코아	코커 cocoa
치통	투쓰에익 toothache	콘서트	칸서트 concert
침실	배드룸 bedroom	콘센트	아웃렛 outlet
칫솔	투쓰브러쉬 toothbrush	크림	크림 cream
		큰	라지 large

ㅋ

카드	카드 card
카드열쇠	카드 키 card key

ㅌ

타다	게 돈/테익 **get on/take**
타이어	타이어 **tire**
탁구	핑퐁 **pingpong**
탑	타워 **tower**
탑승	보오딩 **boarding**
탑승구	보오딩 게잇 **boarding gate**
탑승권	보오딩 패쓰 **boarding pass**
택시	택시/캡 **taxi/cab**
택시승차장	택시 스탠드 **taxi stand**
택시요금	택시 페어 **taxi fare**
턱수염	비어드 **beard**
테니스	테니스 **tennis**
토론회	포럼 **forum**
토큰	토큰 **token**
토플리스쇼	타플리스 쇼 **topless show**
통화	커런시 **currency**

통화신고	커런시 디클러레이션 **currency declaration**
튀긴 감자	프라이드 퍼테이토 **fried potato**
트윈룸	트윈 룸 **twin room**
특급열차	난 스탑 트레인 **non-stop train**
특별요리	스페셜 디쉬 **special dish**
팁	팁 **tip**

ㅍ

파란색	블루 **blue**
파마	퍼머넌트 **permanent**
파운데이션	파운데이션 **foundation**
파운드	파운드 **pound**
판매	세일 **sale**
팔	암 **arm**
팔찌	브레이슬릿 **bracelet**
팜플렛	팸플릿/브로슈어 **phamplet/brochure**

패스트푸드점	패스트 푸드 Fast Food
팬던트	팬던트 pendant
편도	원 웨이 one-way
편두통	미그레인 migraine
폐관	클로우즈 closed
포도	그레이프 grape
포도주	와인 wine
포장	랩핑 wrapping
포크	포크 fork
프랑	프랑 franc
프론트 데스크	프론트 데스크 front desk
플래쉬	프레쉬벌브 flashbulb
플랫폼	플랫폼 platform
피부	스킨 skin
피자	피자 pizza
피혁제품점	레더 굳즈 샵 leather goods shop

필름	필름 film
핑크	핑크 pink

ㅎ

하얀색	화이트 white
할인	디스카운트 discount
핫도그	핫 도그 hot dog
항공권	패신저 티킷 passenger ticket
항공사	에어라인즈 에이전트 Airlines agent
항구	하버 harbor
해물요리	시푸드 seafood
해변	비취 beach
핸드백	숄더 백 shoulder bag
햄버거	햄버거 hamburger
행거	행어 hanger
향긋한	스파이시 spicy
향수	퍼퓸 perfume

향토음식	local dish 로컬 디쉬
허리	waist 웨이스트
혁대	belt 벨트
현금	cash 캐쉬
현기증	dizziness 디지니스
현상	development 디벨롭먼트
혈압	blood pressure 블러드 프레슈어
호스텔	hostel 호스텔
호출버튼	call button 콜 버튼
호텔	hotel 호텔
호흡	breath 브레쓰
혼합한	mixed 믹스트
홈스테이	home stay 홈 스테이
홍차	tea 티
화물요금	baggage fare 배기쥐 페어
화상	burn 번
화장	make-up 메이크 업

화장실	rest room 레스트 룸
화장품점	cosmetic shop 코스메틱 샵
확인	confirm 컨펌
환전소	money exchange 머니 익스체인지
환전율	exchange rate 익스체인지 레잇
회계원	cashier 캐셔
회색	gray 그레이
횡단보도	intersection 인터섹션
훈제한	smoked 스모크트
휴게실	lounge 라운지
휴대품보관소	check room 체크룸
휴지	toilet paper 토일렛 페이퍼
흡연석	smoking seat 스모킹 싯

부록

저자 좋은 친구들
발행일 2024년 11월 10일   발행인 김인숙   발행처 (주)동인랑
Printing 삼덕정판사

01803
서울시 노원구 공릉동 653-5
대표전화 02-967-0700   팩시밀리 02-967-1555   출판등록 제 6-0406호

©2024, Donginrang. Co., Ltd.
ISBN 978-89-7582-620-7

 인터넷의 세계로 오세요!   www.donginrang.co.kr
webmaster@donginrang.co.kr

(주)동인랑에서는 참신한 외국어 원고를 모집합니다.

잘못된 책은 교환해 드립니다.